MARCO POLO

Reisen mit Insider Tipps

POLNISCH

Worte verbinden, Worte erschließen neue Welten, Worte lassen Sie einfach mehr erleben.

Und damit Sie auch immer die richtigen Worte finden, sind in diesem Sprachführer die wichtigsten Begriffe für Ihren Ausflug in eine fremde Kultur und Sprache zusammengestellt.

Mit dem neuen Spickzettel wird es Ihnen nicht schwerfallen, für so manche sprachliche Überraschung zu sorgen.

Und sollten Sie dennoch einmal sprachlos sein, dann helfen Ihnen die Zeigebilder ganz unkompliziert weiter.

Viel Spaß auf Ihrer Reise!

www.marcopolo.de/polnisch

POLNISCH

Wie viel kostet es?
Ile to kosztuje?
[ilä to koschtujä]

> EINFACHE AUSSPRACHE

Keine Scheu, einfach loszulegen:
Für die korrekte Aussprache sorgt die einfache Lautschrift – bei sämtlichen Wörtern, Begriffen und Formulierungen.

> ZEIGEBILDER

Bilder machen die Verständigung noch leichter. Ob beim Shoppen, im Restaurant, im Hotel oder bei Fragen zum Auto: unsere Zeigebilder helfen in jedem Fall schnell weiter.

> SCHNELL NACHGESCHLAGEN

VON A BIS Z
Die wichtigsten Themen alphabetisch sortiert: vom Arztbesuch bis zum Telefongespräch.

WÖRTERBUCH
Hier finden Sie die 1333 wichtigsten Begriffe. Einfach praktisch!

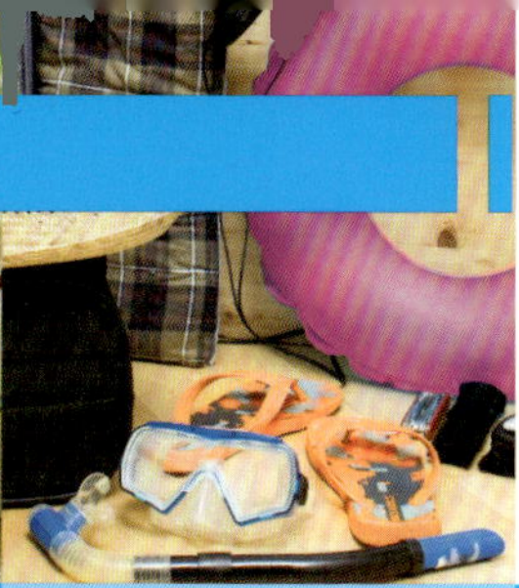

INHALT

> SPEISEKARTE

Mit Spaß bestellen und mit Genuss essen – denn für Sie ist die Speisekarte in Landessprache ab jetzt kein Buch mit sieben Siegeln mehr.

> VOLLES PROGRAMM

Kultur oder Action, Sprach- oder Kochkurs, Tauchen oder Theaterabend: Formulierungen, die dafür sorgen, dass Ihr Urlaub noch spannender wird.

> WIE DIE EINHEIMISCHEN

Insider Tipps Damit Sie als echter Insider gelten, nicht als Tourist.

BLOSS NICHT!
Hilft, Fettnäpfchen zu vermeiden.

ACHTUNG! SLANG
Einheimische noch besser verstehen!

WORTLOS GLÜCKLICH: ZEIGEBILDER

Farben, Muster, Materialien helfen Ihnen beim Einkaufen. Weitere Helfer für (fast) jede Gelegenheit finden Sie in diesem Sprachführer.

AUSSPRACHE

AUSSPRACHE

Zur Erleichterung der Aussprache sind alle polnischen Wörter und Wendungen zusätzlich mit einer einfachen Aussprache [Kapitelfarbe, in eckigen Klammern] versehen. Polnische Vokale werden in der Regel kurz und offen (flach, breit und im vorderen Teil des Mundes) ausgesprochen.

e	[ä]	wie in przepraszam [pschäprascham]
ą	[on]	nasal, wie „o“ im Wort B**o**nb**on**
ę	[än]	nasal, wie „in“ im Wort Cous**in**

Beachten Sie:

- Die polnische Sprache beinhaltet viele aneinandergereihte Konsonantengruppen. Es passiert deshalb sehr oft, dass diese Konsonanten sich gegenseitig beeinflussen: manchmal verlieren oder gewinnen sie an Stimmhaftigkeit. Ein Beispiel: „babka“ – Großmutter. Das zweite „b“ wird hier durch den rückwirkenden Einfluss des stimmlosen Lautes „k“ auch stimmlos. Die Aussprache sieht dann so aus: [bapka].
- Die Betonung liegt im Polnischen meist auf der vorletzten Silbe.

DAS ALPHABET

A	a	[a]	I	i	[i]	R	r	[är]
Ą	ą	[on]	J	j	[jott]	S	s	[äs]
B	b	[bä]	K	k	[ka]	Ś	ś	[äsch]
C	c	[zä]	L	l	[äl]	T	t	[tä]
Ć	ć	[tschä]	Ł	ł	[äu]	U	u	[u]
D	d	[dä]	M	m	[äm]	W	w	[wu]
E	e	[ä]	N	n	[än]	Y	y	[igräk, i]
Ę	ę	[än]	Ń	ń	[änj]	Z	z	[sät]
F	f	[äf]	O	o	[o]	Ź	ź	[siät]
G	g	[gä]	Ó	ó	[u]	Ż	ż	[schät]
H	h	[cha]	P	p	[pä]			

ABKÜRZUNGEN

adj	Adjektiv
adv	Adverb
f	weiblich
fam	umgangssprachlich, familiär
jdn	jemanden
m	männlich
pl	Plural
n	sächlich

> EXTRABETT IM STADTHOTEL

Ob Sie ein Zusatzbett benötigen oder einen Mietwagen reservieren wollen: Formulieren Sie Ihre Urlaubswünsche per E-Mail, Fax oder am Telefon – und gehen Sie entspannt auf Reisen.

BUCHUNG PER E-MAIL

HOTEL | HOTEL [chotäl]

Sehr geehrte Damen und Herren,
vom 24. bis 26. Juni hätte ich gern für zwei Nächte ein Einzel-/Doppel-/Zweibettzimmer.
Bitte teilen Sie mir mit, ob Sie ein Zimmer frei haben und was es pro Nacht, einschließlich Frühstück, kostet.
Mit freundlichen Grüßen

REISE PLANUNG

Szanowni Państwo,
chciałbym/chciałabym zarezerwować na dwie noce pokój jednoosobowy/dwuosobowy/z dwoma łóżkami w terminie od 24 do 26 czerwca. Proszę o informację, czy macie Państwo wolny pokój i ile kosztuje on ze śniadaniem.
Z pozdrowieniami

MIETWAGEN | WYNAJĘTY SAMOCHÓD [winajännti samochut]

Sehr geehrte Damen und Herren,
für die Zeit vom 20. bis 25. Juli möchte ich gern ab Flughafen Warszawa Okęcie einen Klein-

wagen/einen Mittelklassewagen/einen Kleinbus mieten. Mein Rückflug geht ab Kraków Balice und deshalb möchte ich das Auto dort zurückgeben. Bitte teilen Sie mir Ihre Tarife mit und welche Unterlagen ich benötige.
Mit freundlichen Grüßen

Szanowni Państwo,
w terminie od 20 do 25 lipca chciałbym/chciałabym wypożyczyć z lotniska Warszawa Okęcie mały samochód/samochód klasy średniej/busa. Odlatuję z lotniska Kraków Balice, więc chciałbym/chciałabym tam zwrócić samochód. Proszę o cennik i informację, jakie dokumenty są potrzebne.
Z pozdrowieniami

FRAGEN ZUR UNTERKUNFT

Ich suche ein schönes Hotel/ Bed and Breakfast in der Altstadt (mit besonders guter Küche).	Szukam przyjemnego hotelu/pensjonatu na starówce (z wyśmienitą kuchnią). [schukkam pschijämneggo chottälu/pänsjonnatu na staruffzä (schfjätnon kuchnjon)]
Ist es zentral/ruhig gelegen?	Czy jest położona centralnie/spokojnie? [tschi jäst pouoschona zäntralnjä/spockojnjä]
Wie viel kostet das pro Woche?	Ile kosztuje to na tydzień? [ilä to koschtujä na tidsiänj]
Hat diese Unterkunft eine Internet- oder E-Mail-Adresse?	Czy ta kwatera ma adres internetowy/mailowy? [tschi ta kwatära ma adräs intärnatowwi/mäjlowwi]

Hotel	hotel [chotäl]
Pension	pensjonat [pänsjonnat]
Zimmer	kwatera prywatna [kwatära priwwatna]
Ferienwohnung	mieszkanie wakacyjne [mjäschkanjä wakazinnä]

HOTEL/PENSION | HOTEL/PENSJONAT [chotäl/pänsjonnat]

> **Übernachtung: Seite 68 ff.**

Ich suche ein Hotel, jedoch nicht zu teuer – etwas in der mittleren Preislage.	Szukam hotelu, ale nie za drogiego – w średniej klasie cenowej. [schukam chotälu alä njä sa drogjägo – fschrädnjäj klaschä zännowwäj]
Ich suche ein Hotel ...	Szukam hotelu … [schukam chotälu]
mit Wellnessbereich.	ze spa. [sä spa]

mit Swimmingpool.	z basenem. [sbasänäm]
mit Golfplatz.	z polem golfowym. [spoläm golfowwim]
mit Tennisplätzen.	z kortem tenisowym. [skortäm tänjisowwim]
Können Sie mir ein ruhiges Zimmer/Zimmer mit Aussicht/Zimmer mit Balkon geben?	Proszę o zaciszny pokój/pokój z widokiem/pokój z balkonem? [proschän o satschischni pockuj/pockuj swidockäm/pockuj sbalkonäm]
Ist es möglich, ein weiteres Bett in einem der Zimmer aufzustellen?	Czy jest możliwe wstawienie do pokoju dodatkowego łóżka? [tschi jäst moschliwä fstawiänjä do pockoju doddatkowwägo uuschka]

FERIENHÄUSER/FERIENWOHNUNGEN
DOMY LETNISKOWE/MIESZKANIA LETNISKOWE
[domi lätniskowwä/mjäschkanja lätniskowwä]

Übernachtung: Seite 74 f.

Ich suche eine Ferienwohnung oder einen Bungalow.	Szukam mieszkania wakacyjnego lub bungalowu. [schukam mjäschkanjä wakazinnjägo lup bungalou]
Gibt es ...?	Czy jest sg, są pl ...? [tschi jäst, son ...]
eine Küche	kuchnia [kuchnja]
eine Spülmaschine	zmywarka [smiwarka]
einen Kühlschrank	lodówka [loddufka]
eine Waschmaschine	pralka [prallka]
ein Kinderbett	łóżeczko dziecięce [uuschko dsiätschänzä]
WLAN	Wi-Fi [wi-fi]
Sind die Stromkosten im Preis enthalten?	Czy cena zawiera koszty zużycia prądu? [tschi zäna sawwiära koschti suschitschä pronndu]
Werden Bettwäsche und Handtücher gestellt?	Czy zapewniona jest pościel i ręczniki? [tschi sapäwnjonna jäst poschtschäl i räntschnjiki]
Wie viel muss ich anzahlen und wann ist die Anzahlung fällig?	Do kiedy muszę wpłacić zaliczkę i w jakiej kwocie? [do kädi muschän fpuatschitsch salitschkän i fjakäj kwotschä]
Wo und wann kann ich die Schlüssel abholen?	Gdzie i kiedy mogę odebrać klucze? [gdsiä i kädi mogän oddäbratsch klutschä]

CAMPING | KEMPING [kämpink]

Ich suche einen schönen Campingplatz (am Wasser).	Szukam ładnego miejsca cempingowego (nad wodą). [schukam uadnägo mjäjsza kämpingowwägo (nat woddon)]
Können Sie mir irgendetwas empfehlen?	Czy może pan/pani mi coś polecić? [tschi moschä pan/panji mi zosch pollätschitsch]

> MEHR ERLEBEN

Nur keine Scheu! Der Smalltalk im Café, die Plauderei beim Einkauf, der Flirt beim Clubben – reden Sie drauflos, es ist einfacher, als Sie denken! Und macht die Reise erst so richtig spannend.

BEGRÜSSUNG | POWITANIE [powitanjä]

Guten Morgen!/Guten Tag!	Dzień dobry! [dsiänj dobbri]
Guten Abend!	Dobry wieczór! [dobri wätschur]
Hallo!/Grüß dich!	Halo!/Witam! [chalo/witam]
Wie geht es Ihnen?	Jak się panu/pani powodzi? [jak schän panu/panji powwoddsi]
Wie geht es dir?	Jak ci się powodzi? [jak tschi schän powwoddsi]
Und Ihnen?	A panu/pani? [a panu/panji]
Und dir?	A tobie? [a tobbä]

IM GESPRÄCH

MEIN NAME IST ... | NAZYWAM SIĘ ... [nasiwam schän]

Wie ist Ihr Name, bitte?	Przepraszam, jak się pan/pani nazywa? [pschäprascham, jak schän pan/panji nasiwa]
Wie heißt du?	Jak się nazywasz? [jak schän nasiwasch]
Darf ich bekannt machen?	Czy wolno mi przedstawić? [tschi wollno mi pschätstawitsch]
Das ist Frau/Herr ...	To jest pani/pan … [to jäst panji/pan]
mein Partner./ meine Partnerin.	mój partner./moja partnerka. [muj partnär/moja partnärka]
Freut mich, Sie kennenzulernen.	Cieszę się, że mogę pana/panią poznać. [tschäschän schän, schä mogän pana/panjon possnatsch]

AUF WIEDERSEHEN! | DO WIDZENIA! [do widsiänja]

Tschüss!	Serwus! [särwus]
Bis später!	Do zobaczenia wkrótce! [do sobbatschänja fkrutzä]
Bis morgen!/Gute Nacht!	Do jutra!/Dobranoc! [do jutra/dobbranotts]
Bis bald!	Do rychłego zobaczenia! [do richuägo sobbatschänja]
Es war schön, Sie/dich kennenzulernen.	Miło było pana/panią/poznać. [miuo biuo pana/panjom posnatsch]

BITTE | PROSZĘ [proschän]

Darf ich Sie um einen Gefallen bitten?	Czy mogę pana/panią poprosić o przysługę? [tschi moggän pana/panjon popproschitsch o pschisuugän]
Können Sie mir bitte helfen?	Czy może mi pan/pani pomóc? [tschi moschä mi pan/panji pommuz]
Gestatten Sie?	Pozwoli pan/pani? [posswolli pan/panji]
Bitte sehr./ Gern geschehen.	Proszę bardzo./Zrobiłem to z przyjemnością. [proschän bardsio/srobbiuam to s pschijämnoschtschon]
Mit Vergnügen!	Z przyjemnością! [s pschijämnoschtschon]

DANKE! | DZIĘKUJĘ! [dsiänkujän]

Vielen Dank!	Dziękuję bardzo. [dsiänkujän bardsio]
Danke, sehr gern!	Dziękuję, bardzo chętnie. [dsiänkujän, bardsio chäntnjä]
Nein, danke!	Nie, dziękuję. [njä, dsiänkujän]
Danke, gleichfalls!	Dziękuję, wzajemnie. [dsiänkujän, wsajämnjä]
Das ist nett, danke.	To jest miłe, dziękuję. [to jäst miuä, dsiänkujän]
Vielen Dank für Ihre Hilfe.	Bardzo dziękuję panu/pani za pomoc. [bardsio dsiänkujän panu/panji sa pommotts]

ENTSCHULDIGUNG! | PRZEPRASZAM! [pschäprascham]

Tut mir leid(, dass ich zu spät komme)!	Przepraszam (za spóźnienie)! [pschäprascham (sa spusinjänjä)]
Schade!	Szkoda! [schkoda]

ALLES GUTE! | WSZYSTKIEGO DOBREGO! [fschistkägo dobbrägo]

Herzlichen Glückwunsch!	Serdeczne gratulacje! [särdätschnä gratulazjä]
Alles Gute ...	Wszystkiego dobrego … [fschistkägo dobbrägo ...]

> www.marcopolo.de/polnisch

… zum Geburtstag!	… z okazji urodzin! [sockasji uroddsin]
… zum Namenstag!	… z okazji imienin! [sockasji imänjin]
Gute Besserung!	Życzę powrotu do zdrowia! [schitschän powrottu do sdrowwja]

WIE DIE EINHEIMISCHEN

Insider Tipps

„Hallo!" und „Tschüss!"

Man grüßt sich den ganzen Tag über, auch morgens, mit *Dzień dobry!* [dsiänj dobbri] („Guten Tag!") Unter jungen Leuten ist *Cześć!* [tschäschtsch] (eigentlich „Ehre") sowohl beim Kommen als auch beim Gehen üblich und entspricht dem deutschen „Hallo!" und „Tschüss!" gleichermaßen.

Anrede

Im Polnischen gibt es kein Wort, das dem deutschen „Sie" entspricht. Stattdessen verwendet man *pan* [pan] („der Herr") *bzw. pani* [panji] („die Dame"). In der Mehrzahl heißt es, wieder geschlechtsspezifisch getrennt, *panowie* [panowwä] und *panie* [panjä]. Wenn Sie mit einem Ehepaar oder einer gemischten Gruppe von Männern und Frauen zu tun haben, wird *państwo* [panjstfo] verwendet. Die Anrede wird immer mit einem höflichen „bitte" *proszę* [proschän] verbunden: *proszę pana* [proschän pana] („bitte, mein Herr"). Hat man sich einmal bekannt gemacht, siezt sich aber noch, ist die Anrede mit *panie/pani* in Verbindung mit dem Vornamen üblich: *panie Tomaszu*, also „Herr Thomas", oder *pani Beato* („Frau Beate"). *Panie/pani* in Verbindung mit dem Nachnamen ist sehr formell.

Herr Professor – Frau Magister

Die Polen haben – wie die Österreicher – ein Faible für Titel und Berufsbezeichnungen akademischer Art. So wird ein Gymnasiallehrer manchmal schon mit *pan profesor* [pan proffässorr] („Herr Professor") und der Apotheker/die Apothekerin mit *pan/pani magister* [pan/panji magistär] („Herr/Frau Magister") angesprochen. Wenn Sie beruflich mit Inhabern des Magistertitels zu tun haben, vergessen Sie in der Konversation oder im Schriftverkehr nie den akademischen Grad.

Namenstage – Imieniny

So wie in Deutschland die Geburtstage gefeiert werden, gratuliert und beschenkt man sich in Polen am Namenstag. Die wichtigsten Namen sind in Kalendern aufgeführt – achten Sie bei Leuten, die Ihnen lieb und wichtig sind, auf deren Namenstage. Das „Namenstagskind" heißt *solenizant/solenizantka* [solländjsant/solländjsantka]. Zum Namenstag wird „Alles Gute" *wszystkiego dobrego* [fschistkägo dobbrägo] gewünscht. Erst danach folgen die spezifischen Glückwünsche. Schnittblumen sind ein willkommenes Geschenk.

KOMPLIMENTE | KOMPLEMENTY [komplämänti]

Wie schön!	Ale ładnie! [alä uadnjä]
Das ist wunderbar!	To jest wspaniałe! [to jäst fspanjauä]
Sie sprechen sehr gut Deutsch.	Pan/pani mówi bardzo dobrze po niemiecku. [pan/panji muwi bardsio dobbschä po njämjäzku]
Sie sehen gut aus!	Pan/pani bardzo ładnie wygląda! [pan/panji bardsio uadnjä wiglonnda]
Ich finde Sie sehr sympathisch/nett.	Uważam, że jest pan bardzo sympatyczny/miły/ pani bardzo sympatyczna/miła. [uwascham schä jäst pan bardso simpatitschni/miui//panji bardsio simpatitschna/miua]

ausgezeichnet	wspaniale [fspanjalä]
beeindruckend	zachwycająco [sachwizajonnzo]
freundlich	miło [miuo]
herrlich	cudownie [zudownjä]
hübsch	pięknie [pänknjä]
lecker	smacznie [smatschnjä]
schön	ładnie [uadnjä]

SMALLTALK | SMALLTALK [smoltok]

ZUR PERSON O SOBIE [o sobä]

Wie alt sind Sie/bist du?	Ile pan/pani ma lat//masz lat? [ilä pan/panji ma lat//masch lat]
Ich bin 24.	Mam 24 lata. [mam dwadsiäschtscha tschtäri lata]
Was machen Sie/ machst du beruflich?	Jaki zawód pan/pani wykonuje//wykonujesz? [jaki sawwut pan/panji wikonnujä//wikonnujäsch]
Ich bin ...	Jestem … [jästäm ...]
Ich arbeite bei ...	Pracuję w (na) … [prazujän f (na) ...]
Ich gehe noch zur Schule.	Chodzę jeszcze do szkoły. [chodsän jäschtschä do schkoui]
Ich bin Student/in.	Jestem studentem/studentką. [jästäm studäntäm/studäntkon]

HERKUNFT UND AUFENTHALT POCHODZENIE I POBYT [pochodsänjä i pobit]

Woher kommen Sie/ kommst du?	Skąd pan/pani jest?//jesteś? [skonnt pan/panji jäst//jästäsch]
Ich komme aus (Stuttgart).	Jestem ze (Stutgartu). [jästäm sä stuttgarta]
Ich komme aus Deutschland.	Jestem z Niemiec. [[jästäm s njämjäz]
Sind Sie/Bist du schon lange in ...?	Czy jest pan/pani//Czy jesteś już długo w …? [tschi jäst pan/panji//tschi jästäsch jusch duogo f ...]
Ich bin seit ... hier.	Jestem tutaj od … [jästäm tutaj ott ...]
Wie lange bleiben Sie/ bleibst du?	Jak długo zostanie pan/pani//zostaniesz? [jak duugo sostanjä pan/panji//sostanjäsch]

IM GESPRÄCH

Sind Sie/Bist du zum ersten Mal hier?	Czy jest pan/pani//Czy jesteś tutaj po raz pierwszy? [tschi jäst pan/panji//tschi jästäsch tutaj po ras pjärfschi]
Gefällt es Ihnen?	Czy podoba się panu/pani? [tschi poddobba schän panu/panji]
Wie ist Ihre/deine E-Mail-Adresse?	**Jaki jest pana/pani//twój adres e-mail?** [jaki jäst pana/panji/tfuj adräs i-mäjl]

HOBBYS HOBBYS [chobbis]

Was machen Sie/machst du in der Freizeit?	**Co robi pan/pani w wolnym czasie?** [zo robbi pan/panji fwolnnim tschasiä]
Ich interessiere mich für ...	Interesuję się … [intäräsujän schän ...]
Kunst/Kultur/Architektur/Design/Fashion	**sztuka/kultura/architektura/projektowanie/moda** [schtuka/kultura/architäktura/projäktowanjä/modda]
Sind Sie/bist du auf Facebook?	Czy ma pan/pani//masz konto na Facebooku? [tschi ma pan/panji//masch konnto na fäjsbuku?]

fotografieren	fotografować [fotografowatsch]
Freunde treffen	spotkać się z przyjaciółmi [spottkatsc schän spschijatschuumi]
im Internet surfen	pogrzebać w necie [pogschäbatsch w nätschjä]
Karten-/Brettspiele	gry w karty/gry towarzyskie [gri fkarti/gri towaschiskä]
Computerspiele	gry komputerowe [gri komputärowwä]
Kino/Filme	kino/filmy [kino/filmi]
kochen	gotować [gotowwatsch]
lesen	czytać [tschitatsch]
malen	malować [malowwatsch]
Musik hören	słuchać muzyki [suuchatsch musiki]
Musik machen	muzykować [musikowwatsch]
reisen	podróżować [podruschowwatsch]
Sprachen lernen	uczyć się języków [utschitsch schän jänsickuf]
zeichnen	rysować [risowwatsch]

SPORT SPORT [sport]

Volles Programm: Seite 86 ff.

Welchen Sport treiben Sie?	Jaki sport uprawia pan/pani? [jaki sport uprawja pan/panji]
Ich spiele ...	Gram w … [gram f ...]
Fußball/Tennis/Volleyball/Handball/Tischtennis	piłkę nożną/tenisa/siatkówkę/piłkę ręczną/tenisa stołowego [piukän noschnon/tänjisa/schatkufkän/piukän räntschnon/tänjisa stouwwägo]
Ich gehe regelmäßig ins Fitnesscenter/Yoga.	Regularnie chodzę do siłowni/na jogę. [rägularnjä chodtsän do schiuowanji/na jogän]
Ich jogge/schwimme/fahre Rad.	Uprawiam jogging/pływam/jeżdżę na rowerze. [uprawjam tschogging/puiwam/jäschdschän na rowwäschä]

VERABREDUNG/FLIRT | RANDKA/FLIRT [rantka/flirt]

Haben Sie für morgen schon etwas vor?	Co robi pan/pani jutro? [zo robbi pan/panji jutro]
Hast du für morgen schon etwas vor?	Co robisz jutro? [zo robbisch jutro]
Treffen wir uns heute Abend?	Spotkamy się dzisiaj wieczorem? [spotkami schän dsischaj wätschorräm]
Wann treffen wir uns?	Kiedy się spotkamy? [kädi schän spotkami]
Wo treffen wir uns?	Gdzie się spotkamy? [gdsiä schän spottkami]
Hast du einen Freund/eine Freundin?	Czy masz przyjaciela/przyjaciółkę? [tschi masch pschijatschäla/pschijatschuwkän]

WIE DIE EINHEIMISCHEN

Insider Tipps

Mein Junge – Mein Mädchen

Den Begriff „Freund/in" gibt es im Polnischen nicht. Man sagt „(mein) Junge", also *chłopak* [chuoppak], und entsprechend *dziewczyna* [dsiäftschina] für Mädchen. Für Männer wird häufig *facet* [fazät] („Kerl, Typ") verwendet. *Chodzić ze sobą* [chodsitsch sesobbon] bedeutet wie im Deutschen nicht nur „miteinander spazieren gehen", sondern auch „eine Beziehung haben".

Cudownie! – Wunderbar!

Wenn Sie so auf die Frage nach Ihrem Wohlbefinden antworten, werden Sie Ihre Gastgeber glücklich machen. Es reicht aber auch, wenn Sie *wspaniale* [fspanjalä] („prächtig") oder *świetnie* [schwätnjä] („herrlich") sagen. Jugendliche werden mit *fajnie* [fajnjä] („prima, super") antworten. Ansonsten gilt aber: In Polen geht man mit Superlativen und Lobeshymnen eher sparsam um.

Wie lange sind fünf Minuten?

Polen nehmen es mit der Pünktlichkeit nicht so genau. Wenn Sie eingeladen sind, kommen Sie am besten zehn bis fünfzehn Minuten später, einheimische Gäste werden wahrscheinlich eine halbe Stunde später erscheinen. Auch wenn Sie nur auf einen Sprung hereingebeten werden mit *Wpadnijcie na pięć minut!* [fpadnitschjä na pänjtsch minut] („Fallt für fünf Minuten ein!") – nehmen Sie es nicht wörtlich, der Besuch kann drei Stunden dauern. Ebenso wenig sind Zettel an Ladentüren oder Büros buchstäblich zu verstehen: *Zaraz wracam* [saras wrazam] („Bin gleich zurück") kann durchaus eine Stunde und länger dauern.

IM GESPRÄCH

Ich habe mich den ganzen Tag auf Sie gefreut.	Cały dzień cieszyłem/cieszyłam się na spotkanie z panem/panią. [zaui dsiänj tschäschiuäm/tschäschiuam schän na spottkanjä s panäm/panjon]
Ich habe mich den ganzen Tag auf dich gefreut.	Cały dzień cieszyłem/cieszyłam się na spotkanie z tobą. [zaui dsiänj tschäschiuäm/tschäschiuam schän na spotkanjä s tobbon]
Du hast wunderschöne Augen.	Masz prześliczne oczy. [masch pschäschlitschnä ottschi]
Ich habe mich in dich verliebt.	Zakochałem/Zakochałam się w tobie. [sakochauäm/sakochauam schän ftobbä]
Ich mich auch in dich.	Ja w tobie też. [ja ftobbä täsch]
Ich liebe dich!	Kocham cię! [kocham tschän]
Ich möchte mit dir schlafen.	Chciałbym/Chciałabym się z tobą przespać. [chtschaubim/chtschauabim schän stobbon pschäspatsch]
Aber nur mit Kondom!	Ale tylko z kondomem! [alä tilko skonndommäm]
Hast du Kondome?	Czy masz kondomy? [tschi masch konndommi]
Wo kann ich welche kaufen?	Gdzie mogę kupić? [gdsiä mogän kupitsch]
Darf ich Sie nach Hause bringen?	Czy mogę odprowadzić pana/panią do domu? [tschi moggän otprowwadsitsch pana/panjon do dommu]
Darf ich dich nach Hause bringen?	Czy mogę cię odprowadzić do domu? [tschi moggän tschän ottprowwadsitsch do dommu]
Gehen wir zu dir oder zu mir?	Czy pójdziemy do ciebie, czy do mnie? [tschi pujdsiämi do tschäbä, tschi do m-njä]
Es tut mir leid, aber ich bin nicht in dich verliebt.	Przykro mi, ale ja nie jestem w tobie zakochany/zakochana. [pschikro mi, alä ja njä jästäm ftobbä sakochani/sakochana]
Ich habe keine Lust dazu.	Nie mam na to ochoty. [njä mam na to ochotti]
Ich will nicht.	Ja nie chcę. [ja njä chzän]
Bitte geh jetzt!	Proszę, idź teraz! [proschän, idsi täras]
Hör sofort auf!	Natychmiast przestań! [natichmast pschästanj]
Hau ab!	Odwal się! [oddwal schän]
Lassen Sie mich bitte in Ruhe!	Proszę zostawić mnie w spokoju! [proschän sosstawitsch mnjä fspockojju]

ZEIT

UHRZEIT | CZAS [tschas]

WIE VIEL UHR IST ES? KTÓRA GODZINA? [ktura goddsina]

> Zeitangaben: Umschlagklappe

UM WIE VIEL UHR?/WANN? O KTÓREJ GODZINIE?/KIEDY? [o kturäj goddsinjä/kädi]

Um 1 Uhr.	O pierwszej. [o pärfschäj]

In einer Stunde. Za godzinę. [sa goddsinän]
Zwischen 3 und 4. Między trzecią a czwartą. [mändsii tschätschon a tschwarton]

WIE LANGE? JAK DŁUGO? [jak duugo]

Zwei Stunden (lang). Dwie godziny. [dwä goddsini]
Von 10 bis 11. Od dziesiątej do jedenastej. [odd dsiäschonntäj do jädänastäj]
Bis 5 Uhr. Do piątej. [do ponntäj]

SEIT WANN? OD KIEDY? [ott kädi]

Seit 8 Uhr morgens. Od ósmej rano. [odd ussmäj rano]
Seit einer halben Stunde. Od pół godziny. [ott puw goddsini]

SONSTIGE ZEITANGABEN
POZOSTAŁE OKREŚLENIA CZASU [possostauä ockräschlänja tschassu]

morgens rankiem [rankäm]
vormittags przed południem [pschät pouudnjäm]
mittags w południe [fpouudnjä]
nachmittags po południu [po pouudnju]
abends wieczorem [wätschorräm]
nachts nocą [nottson]

vorgestern przedwczoraj [pschätftschorraj]
gestern wczoraj [ftschorraj]
vor zehn Minuten przed dziesięcioma minutami [pschät dsiäschänjtschomma minutami]
kürzlich niedawno [njädawno]
heute dzisiaj [dsischaj]
jetzt teraz [täras]
morgen jutro [jutro]
übermorgen pojutrze [pojjutschä]

diese Woche w tym tygodniu [ftim tigoddnju]
am Wochenende pod koniec tygodnia [pott konjäz tigoddnja]
am Sonntag w niedzielę [w njädsiälän]
in 14 Tagen za dwa tygodnie [sa dwa tigoddnjä]
nächstes Jahr w przyszłym roku [fpschischuim rocku]

manchmal czasem [tschassäm]
alle halbe Stunde co pół godziny [zo puw goddsini]
stündlich co godzinę [zo goddsinän]
täglich codziennie [zoddsiänjnjä]
von Zeit zu Zeit od czasu do czasu [odd tschassu do tschassu]

IM GESPRÄCH

alle zwei Tage	co dwa dni [zo dwa dnji]
bald	wkrótce [fkrutzä]

DATUM | DATA [data]

Den Wievielten haben wir heute?	Którego mamy dzisiaj? [kturägo mami dsischaj]
Heute ist der 1. Mai.	Dzisiaj jest pierwszy maja. [dsischaj jäst pärfschi maja]

WOCHENTAGE | DNI TYGODNIA [dnj tigoddnja]

Montag	poniedziałek [ponjädsiauäk]
Dienstag	wtorek [ftorräk]
Mittwoch	środa [schrodda]
Donnerstag	czwartek [tschwartäk]
Freitag	piątek [ponntäk]
Samstag	sobota [sobbotta]
Sonntag	niedziela [njädsiäla]

MONATE | MIESIĄCE [mäschonzä]

Januar	styczeń [stitschänj]
Februar	luty [luti]
März	marzec [maschäz]
April	kwiecień [kwätschänj]
Mai	maj [maj]
Juni	czerwiec [tschärwäz]
Juli	lipiec [lipjäts]
August	sierpień [schärpänj]
September	wrzesień [wschäschänj]
Oktober	październik [pasidsiärnjik]
November	listopad [listoppat]
Dezember	grudzień [grudsiänj]

JAHRESZEITEN | PORY ROKU [porri rocku]

Frühling	wiosna [wossna]
Sommer	lato [lato]
Herbst	jesień [jäschänj]
Winter	zima [sima]

FEIERTAGE | DNI ŚWIĄTECZNE [dnj schwontetschnä]

Neujahr	Nowy Rok [nowwi rock]
Dreikönigstag	Trzech Króli [tschäch kruli]
Karneval	karnawał [karnawau]
Rosenmontag	poniedziałek zapustny [ponjädsiauäk sapustni]
Fastnachtsdienstag	wtorek zapustny [ftorräk sapustni]
Aschermittwoch	środa popielcowa [schrodda poppälzowwa]
Gründonnerstag	Wielki Czwartek [wälki tschwartäk]
Karfreitag	Wielki Piątek [wälki ponntäk]
Ostern	Wielkanoc [wälkanotts]
Ostermontag	poniedziałek wielkanocny [ponjädsiauäk wälkanottsni]
1. Mai	Pierwszy Maja [pärfschi maja]
Christi Himmelfahrt	Wniebowstąpienie Pańskie [wnjäboffstommpänjä panjskä]
Pfingsten	Zielone Świątki [siälonnä schwonntki]
Pfingstmontag	poniedziałek zielonoświątkowy [ponjädsiauäk siälonnoschwonntkowwi]
Fronleichnam	Boże Ciało [boschä tschauo]
Maria Himmelfahrt	Wniebowzięcie Najświętszej Marii Panny [wnjäbowwsiänjtschä najschwjäntschäj marji panni]
Allerheiligen	Wszystkich Świętych [fschistkich schwäntich]
Allerseelen	Zaduszki [saduschki]
Nikolaus	Mikołaj [mikouaj]
Heiliger Abend	Wieczór wigilijny [wätschur wigilijni]
Weihnachten	Boże Narodzenie [boschä naroddsiänjä]
1./2. Weihnachtsfeiertag	pierwszy/drugi dzień świąt Bożego Narodzenia [pärfschi/drugi dsiänj schwonnt boschägo naroddsiänja]
Silvesterabend	Wieczór sylwestrowy [wätschur silwästrowwi]

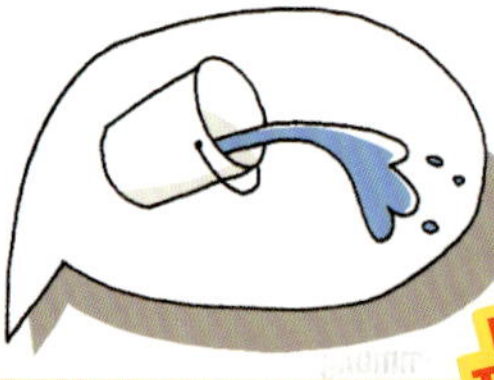

WIE DIE EINHEIMISCHEN

Insider Tipp

Ein nasses Fest

Sollten Sie die Ostertage in Polen verbringen, so bleiben Sie am Ostermontag lieber zu Hause. Da wird nämlich *Smigus-Dyngus*, ein heidnisches Ritual, zelebriert. An allen Ecken lauern Jugendliche mit Wasserflaschen und -eimern ihren Opfern auf. Bevorzugt werden natürlich junge Damen nass gespritzt. Die christliche Interpretation führt den *Smigus-Dyngus* auf die Taufe des polnischen Königs Meiszko I. am Ostermontag des Jahres 966 zurück.

WETTER

Wie wird das Wetter heute?	Jaka będzie dzisiaj pogoda? [jaka bänjdsiä dsischaj poggodda]
Es bleibt schön/schlecht.	Utrzyma się ładna/zła pogoda. [utschima schän uadna/sua poggodda]
Es wird wärmer/kälter.	Będzie cieplej/zimniej. [bänjdsiä tschäpläj/simnjäj]
Es soll regnen/schneien.	Ma padać deszcz/śnieg. [ma padatsch däschtsch/schnjäg]
Es ist kalt/heiß/schwül.	Jest bardzo zimno/gorąco/parno. [jäst bardsio simno/goronnzo/parmo]

bewölkt	pochmurnie [pochmurnjä]
Blitz	błyskawica [buiskawiza]
Donner	grzmot [gschmott]
Ebbe	odpływ (morza) [oddpuif (moscha)]
Flut	przypływ (morza) [pschipuif (moscha)]
Frost	mróz [mrus]
Gewitter	burza [buscha]
Glatteis	gołoledź [gouollätsch]
heiß	gorąco [gorronnzo]
Hitze	upał [upau]
kalt	zimno [simno]
Klima	klimat [klimat]
Luft	powietrze [powwätschä]
nass	mokro [mockro]
Nebel	mgła [mgua]
Regen	mżawka [mschafka]
regnerisch	deszczowy [däschtschowwi]
Schnee	śnieg [schnjäg]
schwül	parno [parno]
Sonne	słońce [suonjzä]
sonnig	słonecznie [suonnätschnjä]
Temperatur	temperatura [tämpäratura]
trocken	sucho [sucho]
Überschwemmung	powódź [powwutsch]
warm	ciepło [tschäpuo]
wechselhaft	zmiennie [smänjnjä]
Wind	wiatr [watr]
Wolke	chmura [chmura]

> WO GEHT ES NACH ...?

Wenn Sie sich verirrt oder verfahren haben oder einfach nicht mehr weiterwissen: Fragen Sie! Dieses Kapitel hilft Ihnen dabei.

WO GEHT'S LANG?

Bitte, wo ist ...?	Przepraszam, gdzie jest ...? [pschäprascham, gdsiä jäst]
Können Sie mir sagen, wie ich nach ... komme?	Czy może mi pan/pani powiedzieć jak dojechać/dojść do ...? [tschi moschä mi pan/panji powwädsiätsch jak dojächatsch/dojschtsch do ...]
Welches ist der kürzeste Weg nach/zu ...?	Jaka droga jest najkrótsza do ...? [jaka drogga jäst najkrutscha do]
Wie weit ist es zum .../zur ...?	Jak daleko jest do ...? [jak daläko jäst do]
Gehen Sie ...	Niech pan/pani idzie ... [njäch pan/panji idsiä ...]

UNTER WEGS

geradeaus.	prosto. [prossto]
nach links.	na lewo. [na läwo]
nach rechts.	na prawo. [na prawo]
Erste/Zweite Straße links/ rechts.	Pierwsza/Druga ulica na lewo/na prawo. [pärfscha/druga uliza na lwo/na prawo]
Überqueren Sie ...	Niech pan/pani przejdzie … [njäch pan/panji pschäjdsiä]
die Brücke.	przez most. [pschäs mosst]
den Platz.	przez plac. [pschäs plaz]
die Straße.	na drugą stronę ulicy. [na drugon stronnän ulizi]
Sie können den Bus Nr. ... nehmen.	Pan/pani może pojechać autobusem numer … [pan/panji moschä pojjächatsch autobbussäm numär]

AN DER GRENZE

Haben Sie etwas zu verzollen?	Czy ma pan/pani coś do oclenia? [tschi ma pan/panji zosch do ottslänja]
Nein, ich habe nur ein paar Geschenke.	Nie, mam tylko kilka prezentów. [njä, mam tilko kilka präsäntuf]
Fahren Sie bitte rechts/links heran.	Proszę zjechać na prawo/na lewo. [proschän sjächatsch na prawo/na läwo]
Öffnen Sie bitte den Kofferraum/diesen Koffer.	Proszę otworzyć bagażnik/tę walizkę. [proschän ottfoschitsch bagaschnjik/tän waliskän]
Muss ich das verzollen?	Czy muszę to oclić? [tschi muschän to ottslitsch]

Ausfuhr	wywóz [wiwus]
Ausreise	wyjazd [wijast]
Einfuhr	wwóz [wwus]
Einreise	wjazd [wjast]
Familienname	nazwisko [naswisko]
Familienstand	stan cywilny [stan ziwilni]
ledig	wolny [wollni]
verheiratet	żonaty/zamężna [schonnati/samänschna]
Führerschein	prawo jazdy [prawo jasdi]
Geburtsdatum	data urodzenia [data uroddsiänja]
Geburtsname	nazwisko panieńskie [naswisko panjänjskä]
Geburtsort	miejsce urodzenia [mäjszä uroddsiänja]
Grenzübergang	przejście graniczne [pschäjschtschä graanitschnä]
gültig	ważny [waschni]
Nationalitätskennzeichen	znak rozpoznawczy państwa [snak rosspossnaftschi panjstwa]
Personalausweis	dowód osobisty [dowwut ossobbisti]
Reisepass	paszport [paschporrt]
Staatsangehörigkeit	obywatelstwo [obbiwatälstwo]
Visum	wiza [wisa]
Vorname	imię [imjän]
Wohnort	miejsce zamieszkania [mäjszä samäschkanja]
Zoll	cło [zuo]
zollfrei	wolne od cła [wollnä ott zua]
Zollkontrolle	kontrola celna [kontrola zälna]
zollpflichtig	podlegający ocleniu [poddlägajonzi ottslänju]

... MIT DEM AUTO/MOTORRAD/FAHRRAD

WIE KOMME ICH NACH ...?
JAK DOSTANĘ SIĘ DO ...? [jak dosstanän schän do]

Wie weit ist das?	Jak to jest daleko? [jak to jäst daläko]
Bitte, ist das die Straße nach ...?	Przepraszam, czy to droga do ...? [pschäprascham, tschi to drogga do]
Wie komme ich zur Autobahn nach ...?	Jak dostanę się do autostrady w kierunku ...? [jak dosstanän schän do autosstradi fkärunku]
Immer geradeaus bis ...	Cały czas prosto, aż do ... [zaui tschas prossto, asch do]
Dann links/rechts abbiegen.	Potem skręcić na lewo/na prawo. [pottäm skränjtschitsch na läwo/na prawo]

VOLL TANKEN, BITTE | PROSZĘ DO PEŁNA [proschän do päuna]

Wo ist bitte die nächste Tankstelle?	Przepraszam, gdzie jest najbliższa stacja benzynowa? [pschäprascham, gdsiä jäst najblischscha stazja bänsinowwa]
Normalbenzin/Super/ Diesel/Elektroladestation	benzyny niskooktanowej/wysokooktanowej/ropy/ stacja ładowania pojazdów elektrycznych [bänsini njiskoocktanowwäj/wisockoocktanowwäj/roppi/stazja uadowanja pojasduf äläktritschnich]
Würden Sie bitte den Ölstand prüfen?	Proszę sprawdzić poziom oleju. [proschän sprawdsitsch posiom olläju]
Wo sind bitte die Toiletten?	Przepraszam, gdzie są toalety? [pschäprascham, gdsiä son toaleti]

PARKEN | PARKOWANIE [parkowwanjä]

Gibt es hier in der Nähe eine Parkmöglichkeit?	Czy jest tu w pobliżu możliwość zaparkowania? [tschi jäst tu fpobblischu moschliwoschtsch saparkowwanja]
Kann ich das Auto hier abstellen?	Czy mogę tutaj zaparkować samochód? [tschi moggän tutaj saparkowwatsch samochut]

PANNE | AWARIA [awarja]

Können Sie mir Starthilfe geben?	Czy może mi pan/pani pomóc odpalić samochód? [tschi moschä mi pan/panji pommuz otpalitsch samochut]
Könnten Sie mir mit Benzin aushelfen?	Czy mógłby mnie pan/mogłaby mnie pani poratować benzyną? [tschi mugubi mnjä pan/mogguabi mnjä panji porratowwatsch bänsinon]
Könnten Sie mir beim Reifenwechsel helfen?	Czy mógłby mi pan/mogłaby mi pani pomóc przy zmianie koła? [tschi mugubi mi pan/mogguabi mi panji pommuz pschi smjanjä koua]
Würden Sie mich bis zur nächsten Werkstatt abschleppen?	Odholowałby mnie pan/odholowałaby mnie pani do najbliższego warsztatu? [ottchollowwaubi mnjä pan/ottchollowwauabi mnjä panji do najblischschägo warschtatu]

WERKSTATT | WARSZTAT NAPRAWCZY [warschtat napraftschi]

Wo ist hier in der Nähe eine Werkstatt?	Gdzie jest tu w pobliżu warsztat naprawczy? [gdsiä jäst tu fpobblischu warschtat napraftschi]
Mein Wagen springt nicht an.	Mój samochód nie chce zapalić. [muj samochut njä chzä sapalitsch]
Können Sie mal nachsehen?	Czy może pan/pani sprawdzić? [tschi moschä pan/panji sprawdsitsch]
Die Batterie ist leer.	Akumulator wyczerpał się. [akkumulatorr witscherpau schän]
Mit dem Motor stimmt was nicht.	Z silnikiem jest coś nie w porządku. [sschilnjikäm jäst zosch njä fposchontku]
Die Bremsen funktionieren nicht.	Hamulce nie działają. [chamulzä njä dsiauajon]
... ist defekt.	… jest zepsute. [jäst säpsutä]
Der Wagen verliert Öl.	Samochód traci olej. [samochut tratschi olläj]
Wechseln Sie bitte die Zündkerzen aus.	Proszę wymienić świece zapłonowe. [proschän wimänjitsch schwäzä sapuonnowwä]
Was wird es kosten?	Ile to będzie kosztować? [ilä to bänjdsiä koschtowwatsch]

UNFALL | WYPADEK [wipädäk]

Rufen Sie bitte schnell ...	Proszę wezwać szybko … [proschän wäswatsch schipko]
einen Krankenwagen.	karetkę pogotowia. [karätkän poggottowwa]
die Polizei.	policję. [pollizjän]
die Feuerwehr.	straż pożarną. [strasch poscharnon]
Sind Sie verletzt?	Czy jest pan ranny/pani ranna? [tschi jäst pan ranni/panji ranna]
Haben Sie Verbandszeug?	Czy ma pan/pani bandaże? [tschi ma pan/panji bandaschä]

Es war meine Schuld.	To była moja wina. [to biua mojja wina]
Es war Ihre Schuld.	To była pana/pani wina. [to biua pana/panji wina]
Sollen wir die Polizei holen oder können wir uns so einigen?	Wezwać policję, czy się ugodzimy? [wäswatsch pollizjän, tschi schän ugoddsimi]
Vielen Dank für Ihre Hilfe.	Bardzo dziękuję panu/pani za pomoc. [bardsio dsiänkujän panu/panji sa pommotts]

abschleppen	odholować [otchollowwatsch]
Abschleppseil	linka holownicza [linka chollownjitscha]
Abschleppwagen	samochód holujący [samochut hollujontzi]
Ampel	światła [schwjatua]
Anlasser	rozrusznik [rossruschnjik]
Autobahn	autostrada [autosstrada]
Automatik(getriebe)	automatyczna skrzynia biegów [automatitschna skschinja bäguf]
Batterie	akumulator [akkumulator]
Baustelle	budowa [budowwa]
Benzin	benzyna [bänsina]
Benzinkanister	kanister na benzynę [kanjistär na bänsinän]
Bremsbelag	okładzina hamulca [ockuadsina chamulza]
Bußgeld	mandat [mandat]
Defekt	defekt [däfäkt]
Erdgas-/Elektrotankstelle	stacja do ładowania samochodów gazem/elektrycznych [stazja do uadowanja samochoduf gasäm/äläktritschnich]
Fahrrad	rower [rowwär]
Fahrspur	pasmo ruchu [passmo ruchu]
Fehlzündung	niewłaściwy zapłon [njäwuaschtschiwi sapuonn]
Felge	obręcz koła [obbräntsch koua]
Fernlicht	światła drogowe [schwjatua droggowwä]
Flickzeug	łatki do opon [uatki do opponn]
Führerschein	prawo jazdy [prawo jasdi]
Fußbremse	hamulec nożny [chamuläz noschni]
Gang	bieg [bäg]
Gaspedal	pedał gazu [pädau gasu]
gebrochen	złamany [suamani]
Gepäckträger	bagażnik [bagaschnjik]
Getriebe	skrzynia biegów [skschinja bäguf]
Handbremse	hamulec ręczny [chamuläz räntschni]
Heizung	ogrzewanie [oggschäwanjä]
Helm	hełm ochronny [chäum ochronni]
Hupe	klakson [klaksonn]
Kabel	kabel [kabäl]

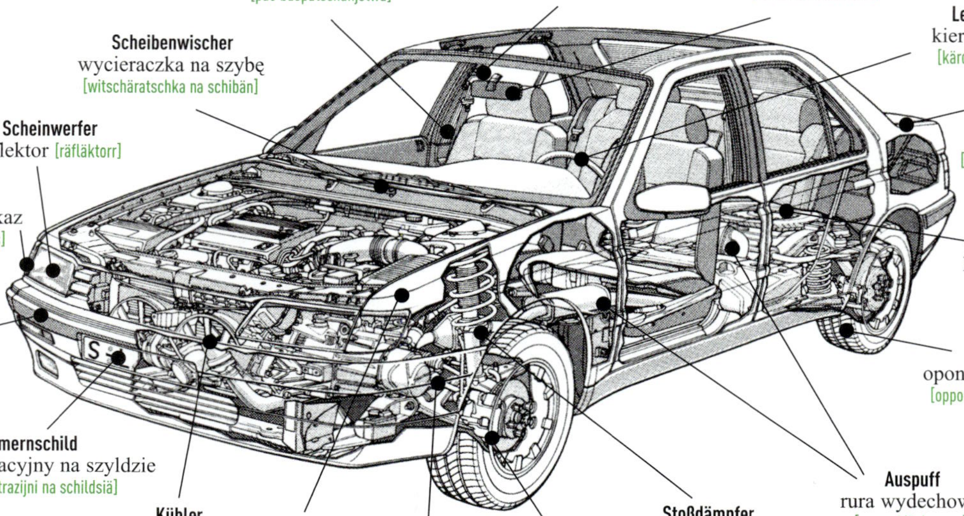
Sicherheitsgurt
pas bezpieczeństwa
[pas bäspätschänjstwa]
Windschutzscheibe
przednia szyba w aucie
[pschädnja schiba w autschä]
Rückspiegel
lusterko wsteczne
[lustärko fstätschnä]
Lenkrad
kierownica
[kärowwnjiza]
Kofferraum
bagażnik samochodu
[bagaschnjik samochoddu]
Scheibenwischer
wycieraczka na szybę
[witschäratschka na schibän]
Scheinwerfer
reflektor [räfläktorr]
Blinker
kierunkowskaz
[kärunkoffskas]
Ersatzrad
koło zapasowe
[kouo sapassowä]
Stoßstange
zderzak
[sdäschak]
Autoreifen
opona samochodowa
[opponna samochoddowwa]
Nummernschild
numer rejestracyjny na szyldzie
[numär räjästrazijni na schildsiä]
Auspuff
rura wydechowa
[rura widächowwa]
Kühler
chłodnica
[chuoddnjiza]
Kotflügel
błotnik
buottnjik]
Achse
oś
[osch]
Bremse
hamulec
[chamuläz]
Stoßdämpfer
tłumik
[tuumik]

Keilriemen	pasek klinowy [passäk klinowwi]
Klingel	dzwonek [dsiwonnäk]
Kreuzung	skrzyżowanie [skschischowanjä]
Kühlwasser	płyn chłodniczy [puin chuoddnjitschi]
Kupplung	sprzęgło [spschänguo]
Kurve	zakręt [sakränt]
Landstraße	droga [drogga], szosa [schossa]
Lastwagen	samochód ciężarowy [samochut tschänscharowwi]
Lichtmaschine	alternator [altärnatorr]
Luftpumpe	pompka [pommpka]
Maut	myto [myto]
Motor	silnik [schilnjik]
Motorrad/Motorroller	motocykl/skuter [mottottsikl/skutär]
Notrufsäule	telefon pierwszej pomocy na autostradzie [täläfonn pärfschäj pommottsi na autosstradsiä]
Oktanzahl	liczba oktanowa [litschba ocktanowwa]
Öl/Ölwechsel	olej/wymiana oleju [olläj/wimjana olläju]
Panne/Pannendienst	awaria/pomoc drogowa [awarja/pommotts droggowwa]
Papiere	dokumenty [dockumänti]
Parkhaus/Parkplatz	parking [parking]
Promille	promile [prommilä]
PS	KM [kaäm]
Radarkontrolle	kontrola radarowa [konntrolla radarowwa]
Raststätte	zajazd [sajast]
Reifenpanne	przebita opona [pschäbita opponna]
Schiebedach	szyberdach [schibärdach]
Schraube	śruba [schruba]
Schraubenschlüssel	klucz maszynowy [klutsch maschinowwi]
Schutzblech	osłona [ossuonna]
Standlicht	światło postojowe [schwjatuo posstojjowwä]
Starthilfekabel	kabel pomocniczy do rozruchu [kabäl pommottsnjitschi do rossruchu]
Stau	korek [korräk]
Straße	ulica [uliza]
Straßenkarte	atlas samochodowy [atlas samochoddowwi]
Tachometer	szybkościomierz [schipkoschtschommjäsch]
Tankstelle	stacja benzynowa [stazja bänsinowwa]
Tramper/in	autostopowicz/-ka [autosstoppowwitsch/autosstoppowwitschka]
Umleitung	objazd [obbjast]
Ventil	zawór [sawur]
Vergaser	gaźnik [gasinjik]
Vollkasko	autokasko [autockasko]
Wagenheber	lewarek do samochodu [läwaräk do samochoddu]
Wagenwäsche	mycie samochodu [mitschä samochoddu]

Warnblinker	światła awaryjne [schwjatua awarijnä]
Warndreieck	trójkąt ostrzegawczy [trujkonnt ostschägaftschi]
Wegweiser	przewodnik [pschäwoddnjik]
Werkstatt	warsztat naprawczy [warschtat napraftschi]
Werkzeug	narzędzia [naschänjdsia]
Zündkerze	świeca zapłonowa [schwjäza sapuonnowwa]
Zündschloss	stacyjka zapłonowa [stazijka sapuonnowwa]
Zündschlüssel	kluczyk zapłonowy [klutschik sapuonnowwi]
Zündung	zapłon [sapuonn]

FAHRZEUGVERMIETUNG
WYPOŻYCZALNIA SAMOCHODÓW [wiposchitschalnja samochoduf]

Ich möchte für zwei Tage/eine Woche ... mieten.	Chciałbym/chciałabym wypożyczyć na dwa dni/ tydzień … [chtschaubim/chtschauabim wiposchitschitsch na dwa dnji/tidsiänj]
Auto/Wohnmobil/Roller/ Fahrrad	samochód/samochód kempingowy/motorower/ rower [samochut/samochut kämpingowwi/mottorowwär/rowwär]
Bitte mit ...	Proszę z… [proschän s]
Automatik.	automatyczną skrzynią biegów. [automatitschnon skschinjon bjäguf]
Klimaanlage.	klimatyzacją [klimatisatzjon]
Navigationsgerät.	nawigacją. [nawigazjon]
Wie viel kostet es pro Tag/ Woche?	Ile to kosztuje na dzień/tydzień? [ilä to koschtujä na dsiän/tidsiänj]

Wie viel verlangen Sie pro gefahrenem km?	Ile chce pan/pani za przejechany km? [ilä chzä pan/panji sa pschäjächani kilommätr]
Ist das Fahrzeug vollkaskoversichert?	Czy pojazd ma autokasko? [tschi pojjast ma autockasko]
Ist es möglich, das Fahrzeug in ... abzugeben?	Czy można oddać pojazd w …? [tschi moschna odddatsch pojjast w]

... MIT DEM FLUGZEUG

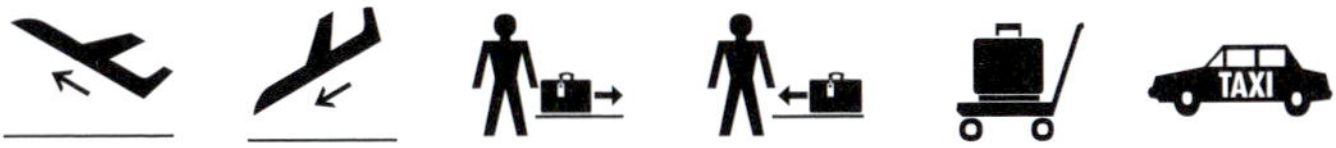

ABFLUG | ODLOT [oddlott]

Wo ist der Schalter der ...-Fluggesellschaft?	Gdzie jest okienko towarzystwa lotniczego …? [gdsiä jäst ockänko towwaschistwa lottnjitschägo]
Wann fliegt die nächste Maschine nach ...?	Kiedy leci następny samolot do …? [kädi lätschi nastämpni samollott do]
Ich möchte einen einfachen Flug/Hin- und Rückflug nach ... buchen.	Chciałbym/chciałabym zarezerwować lot/lot do … i z powrotem [chtschaubim/chtschauabim saräsärwowwatsch lott/lott do i spowwrottäm]
Sind noch Plätze frei?	Czy są jeszcze wolne miejsca? [tschi son jäschtschä wollnä mäjsza]
Ich möchte diesen Flug stornieren.	Chciałbym/chciałabym anulować ten lot. [chtschaubim/chtschauabim anulowwatsch tän lott]
Gibt es für den Flug einen Vorabend-/Telefon-/Internet-Check-in?	Czy na ten lot można dokonać odprawy wieczorem przed lotem/telefonicznie/internetem? [tschi na tän lot moschna dokonnatsch ottprawi wätschoräm pschät lotäm/täläfonitschnjä/intärnätäm]
Kann ich das als Handgepäck mitnehmen?	Mogę to wziąć jako bagaż ręczny? [moggän to wsiontsch jako bagasch räntschni]
Hat die Maschine nach ... Verspätung?	Czy samolot do … ma spóźnienie? [tschi samollott do ... ma spusinjänjä]

ANKUNFT | PRZYLOT [pschilott]

Mein Gepäck ist verloren gegangen.	Zaginął mój bagaż. [saginon muj bagasch]
Mein Koffer ist beschädigt worden.	Moja walizka została uszkodzona. [mojja waliska sosstaua uschkoddsionna]

Ankunftszeit	czas przyjazdu/przylotu [tschas pschijasdu/pschilottu]
Anschluss	połączenie [pouonntschänjä]
anschnallen, sich	zapiąć pasy [sapjontsch passi]
Anschnallgurt	pas bezpieczeństwa [pas bäspätschänjstwa]
an Bord	na pokładzie [na pockuadsiä]
Bordkarte	karta pokładowa [karta pockuadowwa]
Buchung	rezerwacja [räsärwazja]
Charterflug	lot czarterowy [lott tschartärowwi]
Direktflug	lot bezpośredni [lott bäsposchrädnji]
einchecken	odprawiać przed odlotem [ottprawjatsch pschäd oddlottäm]
elektronisches Ticket	bilet elektroniczny [bilät älektronitschni]
Fenstersitz	miejsce przy oknie [mjäjszä pschi ocknjä]
Flug	lot [lott]
Flugbegleiter/in	steward/stewardessa [stjuart/stjuardässa]
Fluggesellschaft	towarzystwo lotnicze [towwaschistwo lottnjitschä]
Flughafenbus	autobus lotniskowy [autobbus lottnjiskowwi]
Flughafengebühr	opłata lotniskowa [oppuata lottnjiskowwa]
Flugplan	rozkład lotów [rosskuat lottuf]
Flugsteig	wyjście do samolotu [wijschtschä do samollottu]
Flugstrecke	trasa lotu [trassa lottu]
Flugzeug	samolot [samollott]
Gepäck	bagaż [bagasch]
Gepäckabfertigung	odprawa bagażu [ottprawa bagaschu]
Gepäckausgabe	wydawanie bagażu [widawanjä bagaschu]
Handgepäck	bagaż ręczny [bagasch räntschni]
Internetbuchung	rezerwacja internetowa [räsärwazja intärnätowwa]
Landung	lądowanie [londowwanjä]
Linienflug	lot liniowy [lott linjowwi]
Notausgang	wyjście awaryjne [wijschtschä awarijnä]
Notlandung	lądowanie awaryjne [londowwanjä awarijnä]
Notrutsche	trap awaryjny [trap awarijni]
Passagier	pasażer [passaschär]
Pilot/in	pilot [pilott]
planmäßiger Abflug	planowy odlot [planowwi oddlott]
Rollfeld	pas startowy [pas startowwi]
Schalter	okienko [ockänko]
Schwimmweste	kamizelka ratunkowa [kamisälka ratunkowwa]
Sicherheitskontrolle	kontrola bezpieczeństwa [konntrolla bäspätschänjstfa]
Spucktüte	torebka chorobowa [toräpka chorrobowwa]
stornieren	anulować [anulowwatsch]
umbuchen	zmienić rezerwację [smänjitsch räsärwazjän]
Verspätung	opóźnienie [oppusinjänjä]
zollfreier Laden	sklep wolnocłowy [skläp wollnottsuowwi]
Zwischenlandung	międzylądowanie [mändsiilondowwanjä]

... MIT DEM ZUG

AM BAHNHOF | NA DWORCU [na dworrzu]

Wann fährt der nächste Zug nach ...?	Kiedy odjeżdża natstępny pociąg do … [kädi oddjäschdscha nastämpni pottschonnk do ...]
Eine einfache Fahrt 2. Klasse/ 1. Klasse nach ..., bitte.	Proszę bilet drugiej klasy/pierwszej klasy do … [proschän bilät drugäj klassi/pärfschäj klassi do]
Zweimal ... hin und zurück, bitte.	Proszę dwa razy powrotny do … [proschän dwa rasi powwrottni do]
Gibt es einen Spartarif?	Czy jest taryfa ulgowa? [tschi jäst tariffa ulgowwa]
Gibt es eine Ermäßigung für Kinder/Studenten?	Czy jest też zniżka dla dzieci/studentów? [tschi jäst täsch snjischka dla dsiätschi/studäntuf]
Muss ich einen Platz reservieren?	Czy konieczna jest rezerwacja? [tschi konjetschna jäst räsärwazja]
Ich möchte diesen Koffer als Reisegepäck aufgeben.	Chciałbym/chciałabym nadać tę walizkę na bagaż. [chtschaubim/chtschauabim nadatsch tän walisän na bagasch]
Hat der Zug aus ... Verspätung?	Czy pociąg z … ma spóźnienie? [tschi pottschonnk s ... ma spusinjänjä]
(Wo) Muss ich umsteigen?	(Gdzie) Muszę się przesiadać? [(gdsiä) muschän schän pschäschadatsch]
Von welchem Gleis fährt der Zug nach ... ab?	Z którego toru odjeżdża pociąg do …? [s kturägo torru oddjäschdscha pottschonnk do]
Kann ich ein Fahrrad mitnehmen?	Czy mogę wziąć rower? [tschi mogän wsionjtsch rowwär]
Wo kann ich mein Fahrrad aufgeben?	Gdzie mogę nadać mój rower? [gdsiä moggän nadatsch muj rowwär]

IM ZUG | W POCIĄGU [w potschtschongu]

Verzeihung, ist dieser Platz noch frei?	Przepraszam, czy to miejsce jest jeszcze wolne? [pschäprascham, tschi to mäjszä jäst jäschtschä wollnä]
Hält dieser Zug in ...?	Czy ten pociąg zatrzymuje się w …? [tschi tän pottschonnk satschimujä schän w]

Abfahrt	odjazd [oddjast]
Abfahrtszeit	czas odjazdu [tschas oddjasdu]
Abteil	przedział [pschädschau]
ankommen	przyjechać [pschijächatsch], przybyć [pschibitsch]
Anschlusszug	połączenie [pouontschänjä]
Aufenthalt	pobyt [pobbit]
aussteigen	wysiadać [wischadatsch]

Autoreisezug	pociąg z wagonami na samochody [pottschonnk s wagonnami na samochoddi]
Bahnhof	dworzec [dwoschäz]
Bahnhofsrestaurant	restauracja dworcowa [rästaurazja dworrzowwa]
besetzt	zajęte [sajäntä]
einsteigen	wsiadać [fschadatsch]
Ermäßigung	zniżka [snjischka]
Fahrkarte	bilet [bilät]
Fahrkartenschalter	okienko z biletami [ockänko sbilätami]
Fahrplan	rozkład jazdy [rosskuat jasdi]
Fahrpreis	cena biletu [zäna bilätu]
Fensterplatz	miejsce przy oknie [mäjszä pschi ocknjä]
frei	wolne [wollnä]
Gepäck	bagaż [bagasch]
Gepäckaufbewahrung	przechowalnia bagażu [pschächowwalnja bagaschu]
Gepäckschein	kwit bagażowy [kwit bagaschowwi]
Gleis	tor [torr]
Hauptbahnhof	dworzec główny [dwoschäz guuwni]
Internetbuchung/Ausdruck	rezerwacja internetowa/wydruk [räsärwazja intärnätowwa/widruk]
Kinderfahrkarte	bilet dla dziecka [bilät dla dsiäzka]
Notbremse	hamulec bezpieczeństwa [chamuläz bäspätschänjstwa]
Platzkarte	miejscówka [mäjszufka]
Reservierung	rezerwacja [räsärwazja]
Rückfahrkarte	bilet powrotny [bilät powwrottni]
Schlafwagen	wagon sypialny [waggon sipallni]
Schließfach	schowek [schowäk]
Sitzplatzreservierung	miejscówka [mjäjszufka]
Speisewagen	wagon restauracyjny [wagonn rästaurazijni]
Stromanschluss	kontakt [kontakt]
Toilette	toaleta [toaläta]
Wartehalle	poczekalnia [pottschäkalnja]
Zug	pociąg [pottschonnk]
Zugfähre	prom kolejowy [promm kolläjowwi]
Zuschlag	dopłata [doppuata]

... MIT DEM SCHIFF

IM HAFEN | W PORCIE [f porrtschä]

Wann fährt das nächste Schiff nach ... ab?	Kiedy odchodzi następny statek do ...? [kädi ottchoddsi nastänpni statäk do]

> www.marcopolo.de/polnisch

Wie lange dauert die Überfahrt?	Jak długo trwa przejazd? [jak duugo trwa pschäjast]
Ich möchte eine Schiffskarte nach ...	Poproszę bilet na statek do … [popproschän bilät na statäk do]
Ich möchte eine Karte für die Rundfahrt um ... Uhr.	Poproszę bilet na wycieczkę o … godzinie. [popproschän bilät na witschätschkän o ... goddsinjä]

AN BORD | NA POKŁADZIE [na pockuadsiä]

Wo ist der Speisesaal/der Aufenthaltsraum?	Gdzie jest restauracja/świetlica? [gdsiä jäst rästaurazja/schwjätliza]
Ich fühle mich nicht wohl.	Nie czuję się dobrze. [njä tschujän schän dobbschä]
Geben Sie mir bitte ein Mittel gegen Seekrankheit.	Proszę mi dać środek przeciw chorobie morskiej. [proschän mi datsch schroddäk pschätschif chorrobbä morrskäj]

Anlegeplatz	przystań [pschistanj]
an Bord	na pokładzie [na pockuadsiä]
Autofähre	prom samochodowy [promm samochoddowwi]
Buchung	rezerwacja [räsärwazja]
Dampfer	parowiec [parowwäz]
Deck	pokład [pockuat]
Eisenbahnfähre	prom kolejowy [promm kolläjowwi]
Fahrkarte	bilet [bilät]
Hafen	port [port]
Kabine	kabina [kabina]
Kapitän	kapitan [kapitan]
Küste	wybrzeże [wibschäschä], brzeg [bschäk]
Landausflug	wycieczka na ląd [witschätschka na lonnt]
Motorboot	motorówka [mottorrufka]
Passagier	pasażer [passaschär]
Rettungsboot	łódka ratownicza [uutka ratowwnjitscha]
Rettungsring	koło ratunkowe [kouo ratunkowwä]
Ruderboot	łódź [uutsch]
Schwimmweste	kamizelka ratunkowa [kamisälka ratunkowwa]
Seegang	fala [fala]
seekrank	cierpiący/cierpiąca na chorobę morską [tschärponzi/tschärponza na chorrobbän morrskon]
Steward	steward [stjuart]

NAHVERKEHR

BUS/U-BAHN | AUTOBUS/METRO [autobbus/mätro]

Bitte, wo ist die nächste ...	Przepraszam, gdzie tu jest następny ...? [pschäprascham, gdsiä tu jäst nastämpni]
Bushaltestelle?	przystanek autobusowy [pschistanäk autobbussowwi]
Straßenbahnhaltestelle?	przystanek tramwajowy [pschistanäk tramwajowwi]
U-Bahnstation?	przystanek metra [pschistanäk mätra]
Welche Linie fährt nach ...?	Którą linią dojadę do ...? [kturon linjon dojjadän do]
Wann fährt der Bus ab?	Kiedy odjeżdża autobus? [kädi oddjäschdscha autobbus]
Wo muss ich aussteigen/umsteigen?	Gdzie muszę wysiąść/przesiąść się? [gdsiä muschän wischonschtsch/pschäschonschtsch schän]
Sagen Sie mir bitte, wenn ich aussteigen muss.	Może mi pan/pani powiedzieć, kiedy mam wysiąść? [moschä mi pan/panji powwädsiätsch, kädi mam wischonnschtsch]
Bitte, einen Fahrschein nach ...	Poproszę bilet do ... [popproschän bilät do]
Kann ich ein Fahrrad mitnehmen?	Czy mogę wziąć rower? [tschi mogän wsionjtsch rowwär]

Abfahrt	odjazd [oddjast]
Bus	autobus [autobbus]
einsteigen/aussteigen	wsiadać/wysiadać [fschadatsch/wischadatsch]
Endstation	stacja końcowa [stazja konjzowwa]
Fahrkartenautomat	automat do biletów [autommat do bilatuf]
Fahrpreis	cena biletu [zäna bilätu]
Fahrschein	bilet [bilät]
Haltestelle	przystanek [pschistanäk]
Kontrolleur	kontroler [konntrollär]
lösen (Fahrschein)	kupić bilet [kupitsch bilät]
Straße	ulica [uliza]
Straßenbahn	tramwaj [tramwaj]
Tageskarte	bilet całodzienny [bilät zauodsiänni]
Touristenticket	billet turystyczny [bilät turistitschni]
U-Bahn	metro [mätro]
Wochenkarte	bilet tygodniowy [bilät tigodnjiowwi]

TAXI | TAKSÓWKA [taksufka]

Könnten Sie mir bitte ein Taxi rufen?	Czy mógłby pan/mogłaby pani zamówić mi taksówkę. [tschi mugubi pan/mogguabi panji samuwwitsch mi taksufkän]

UNTERWEGS

Wo ist der nächste Taxistand?	Gdzie jest następny postój taksówek? [gdsiä jäst nastämpni posstuj taksufäk]
Zum Bahnhof.	Na dworzec. [na dwoschäz]
Zum ... Hotel.	Do hotelu … [do chottälu]
In die ...-Straße.	Na ulicę … [na ulizän]
Nach ..., bitte.	Poproszę do … [popproschän do]
Wie viel kostet es nach ...?	Ile kosztuje do …? [ilä koschtujä do]
Das ist zu viel.	To jest za dużo. [to jäst sa duscho]
Halten Sie bitte hier.	Proszę się tutaj zatrzymać. [proschän schän tutaj satschimatsch]
Das ist für Sie.	To dla pana/pani. [to dla pana/panji]
Könnten Sie mir bitte eine Quittung ausstellen?	Czy mógłby pan/mogłaby pani wystawić mi pokwitowanie? [tschi mugubi pan/mogguabi panji wistawwitsch mi pokwitowanjä]
Fahrpreis	opłata za przejazd [oppuata sa pschäjast]
Taxifahrer	taksówkarz [taksufkasch]
Taxistand	postój taksówek [posstuj taksuwäk]
Trinkgeld	napiwek [napiwäk]

MITFAHREN

Fahren Sie nach ...?	Czy pan/pani jedzie do …? [tschi pan/panji jädsiä do]
Könnte ich ein Stück mitfahren?	Czy może pan/pani mnie kawałek podwieźć? [tschi moschä pan/panji mnjä kawauäk poddwäschtsch]
Ich würde gerne hier aussteigen.	Chciałbym/chciałabym tutaj wysiąść. [chtschaubim/chtschauabim tutaj wischonschtsch]
Vielen Dank fürs Mitnehmen.	Dziękuję bardzo za podwiezienie. [dsiänkujän bardsio sa podwäsiänjä]

WIE DIE EINHEIMISCHEN

Insider Tipp

Eine Fahrkarte, bitte!

Denken Sie bitte daran, die Fahrkarte (*bilet* [bilät]) für den öffentlichen Nahverkehr vor dem Einsteigen am Kiosk zu kaufen. In den Bussen oder Straßenbahnen gibt es lediglich Automaten zur Entwertung der Karten. Für Überlandbusfahrten kauft man die Fahrscheine allerdings direkt beim Busfahrer.

> KULINARISCHE ABENTEUER

Mit Spaß bestellen und mit Genuss essen – denn für Sie ist die Speisekarte in Landessprache kein Buch mit sieben Siegeln.

ESSEN GEHEN | IŚĆ COŚ ZJEŚĆ [ischtsch zosch sjäschtsch]

Wo gibt es hier ...	Gdzie jest tu w pobliżu … [gdsiä jäst tu fpobblischu]
ein gutes Restaurant?	dobra restauracja? [dobbra rästaurazja]
ein typisches Restaurant?	typowa restauracja? [tipoua rästaurazja]
Reservieren Sie uns bitte für heute Abend einen Tisch für 4 Personen.	Proszę zarezerwować dla nas na dziś wieczór stolik na cztery osoby. [proschän saräsärwowwatsch dla nas na dsisch wjätschur stollik na tschtäri ossobbi]
Ist dieser Tisch noch frei?	Czy ten stolik jest jeszcze wolny? [tschi tän stollik jäst jäschtschä wollni]
Ist dieser Platz noch frei?	Czy to miejsce jest jeszcze wolne? [tschi to mäjszä jäst jäschtschä wollnä]

ESSEN UND TRINKEN

Haben Sie einen (Nicht-) Raucherbereich?	Czy jest tutaj pomieszczenie dla (nie)palących? [tschi jäst tutaj pomiäschtschänjä dla (njä)palonzich]
Wo sind bitte die Toiletten?	Przepraszam, gdzie są toalety? [pschäprascham, gdsiä son toaläti]
Guten Appetit!	Smacznego! [smatschnägo]
Prost!	Pana/pani zdrowie! [pana/panji sdrowwjä]
Das Essen war ausgezeichnet.	Jedzenie było znakomite. [jädsiänjä biuo snakommitä]
Ich bin satt, danke.	Jestem najedzony/najedzona, dziękuję. [jästäm najädsonni/najädsonna dsiänkujän]
Stört es Sie, wenn ich rauche?	Czy będzie przeszkadzać, jeśli zapalę? [tschi bändsiä pschäschkadsatsch jäschli sapalän]

BESTELLUNG | ZAMÓWIENIE [samuwjänjä]

Herr Ober/Bedienung, ..., bitte.	Proszę, … [proschän]
die Speisekarte	jadłospis. [jaduosspis]
die Getränkekarte	spis napojów [spis napojjuf]
die Weinkarte	kartę z winami. [kartän swinami]
Was können Sie mir empfehlen?	Co może mi pan/pani polecić? [zo moschä mi pan/panji pollätschitsch]
Ich nehme ...	Wezmę … [wäsmän]
Ich hätte gerne etwas Typisches aus der Region.	Poproszę coś typowego z regionalnej kuchni. [poproschän zosch tippowwägo s rägjonallnäj kuchni]
Ich bin Diabetiker/Vegetarier/ Veganer.	Jestem diabetykiem/wegetarianinem/weganinem. [jästäm djabätikjäm/wägätarjanin/wäganinäm]
Haben Sie vegetarische Gerichte/Diätkost?	Czy ma pan/pani dania jarskie/dietetyczne? [tschi ma pan/panji danja jarskä/dätätitschnä]
Ich bin allergisch gegen ...	Mam alergię na … [mam alärgän na]
Eier/Gluten/ Milchprodukte/ Natriumglutamat/Nüsse.	jaja/gluten/produkty mleczne/glutaminian sodu/ orzechy. [jaja/glutän/produkti mletschnä/glutaminjan sodu/ oschechi]
Was wollen Sie trinken?	Czego się pan/pani napije? [tschägo schän pan/panji napijä]
Bitte ein Glas ...	Poproszę szklankę … [popproschän schklankän]
Bitte eine (halbe) Flasche ...	Poproszę butelkę (pół butelki) … [popproschän butälkän (puw butälki)]
Bitte bringen Sie uns ...	Proszę przynieść nam … [proschän pschinjäschtsch nam]

REKLAMATION | REKLAMACJE [räklamazjä]

Das Essen ist kalt.	Jedzenie jest zimne. [jädsänjä jäst simnä]
Das Fleisch ist nicht durch.	Mięso nie jest przepieczone. [mänso njä jäst pschäpätschonnä]
Haben Sie mein/e ... vergessen?	Czy pan/pani zapomniał/zapomniała mój/moje …? [tschi pan/panji sapommnjau/sapommnjaua muj/mojjä]
Das habe ich nicht bestellt.	Ja tego nie zamawiałem/zamawiałam. [ja tägo njä samawjauäm/samawjauam]
Holen Sie bitte den Chef.	Proszę zawołać szefa. [proschän sawouatsch schäfa]

BEZAHLEN | PŁACIĆ [puatschitsch]

Bezahlen, bitte.	Płacić, proszę. [puatschitsch, proschän]
Bitte alles zusammen.	Proszę wszystko razem. [proschän fschistko rasäm]
Könnten Sie mir bitte eine Quittung ausstellen?	Czy mógłby pan/mogłaby pani wystawić mi pokwitowanie? [tschi mugubi pan/mogguabi panji wistawwitsch mi pokwitowanjä]

> ***www.marcopolo.de/polnisch***

ESSEN UND TRINKEN

Getrennte Rechnungen, bitte.	Proszę oddzielne rachunki. [proschän odddsiälnä rachunki]
Das ist für Sie.	To dla pana/pani. [to dla pana/panji]
Es stimmt so.	Zgadza się. [sgadsia schän]
Hat es geschmeckt?	Smakowało? [smakowwauo]
Das Essen war ausgezeichnet.	Jedzenie było znakomite. [jädsiänjä biuo snakommitä]

Abendessen	kolacja [kollazja]
Besteck	sztućce [schtutschzä]
Bestellung	zamówienie [samuwjänjä]
Brot	chleb [chläp] > S. 45, 48, 64
Diabetiker	diabetyk/diabetyczka [dabätik/dabätitschka]
englisch	po angielsku [po angälsku]
Essig	ocet [ottsät]
fettarm	niskotłuszczowy [niskotuuschtschowwi]
frisch	świeży [schwjäschi]
frittiert	smażony na głębokim tłuszczu [smaschonni na guoänbbockim tuuschtschu]
Frühstück	śniadanie [schnjadanjä] > S. 48

WIE DIE EINHEIMISCHEN

Insider Tipps

„Na zdrowie!" – „Zum Wohl!"

Zu einem üppigen Essen gehört unbedingt auch Wodka, für dessen Genuss es aber auch ohne eine Mahlzeit immer einen guten Grund gibt. Grundsätzlich prostet man sich mit einem der unzähligen saloppen Sprüche zu, wie beispielsweise *Chluśniem, bo uśniem* [chluschnjäm, bo uschnjäm] („Ich schlucke schnell, bevor ich einschlafe.").

„Wässerchen"

Polen mögen Kosenamen und „Verkleinerungen": aus „Wasser" – *woda* wird „Wässerchen" – *wódka* ...

Tee oder Kaffee?

Die *kawiarnia* (Kaffeestube) ist ein beliebter Treffpunkt auch für junge Leute. Der kräftige Kaffee wird direkt im Glas aufgegossen, sodass man warten muss, bis sich der Kaffeesatz abgesetzt hat. Zu Hause trinken die Polen aber eher starken Tee als Kaffee. Weit verbreitet sind daher auch *herbaciarnie* [chärbatscharniä] (Teestuben), in denen der Gast in gemütlicher Atmosphäre unter zahlreichen Teesorten wählen kann.

Gang	danie [danjä]
gebacken	pieczony [pätschonni]
gebraten	smażony [smaschonni]
gegrillt	grilowany [grillowanni]
Getränk	napój [napuj] > S. 47, 52 f., 64
Gewürz	przyprawa [pschiprawa]
Glas	szklanka [schklanka]
glutenfrei	bezglutenowy [besglutenowwi]
Gräte	ość [oschtsch]
halb durch	wewnątrz lekko różowy [wäwnontsch läkko ruschowwi]
Hauptspeise	danie główne [danjä guuwnä] > S. 49 ff.
hausgemacht	wyrób własny [wirup wuassni]
heiß/kalt	gorący/zimny [gorronzi/simni]
kalorienarm	niskokaloryczny [niskokaloritschni]
Kinderteller	porcja dziecięca [porrzja dsiätschänza]
Koch/Köchin	kucharz/kucharka [kuchasch/kucharka]
kochen	gotować [gottowwatsch]
mager	chudy [chudi]
Menü	menu [mänji]
Mittagessen	obiad [obbjat]
Nachtisch	deser [dässär] > S. 51
Öl	olej [olläj]
Pfeffer	pieprz [päpsch]
Portion	porcja [porrzja]
Salat	sałata [sauata] > S. 43, 50, 64
Salz	sól [sul]
sauer	kwaśny [kwaschni]
scharf	ostry [osstri]
Serviette	serwetka [särwätka]
Soße	sos [soss]
Speisekarte	jadłospis [jaduosspis] > S. 48 ff.
Spezialität	specjalność [späzjalnoschtsch] > S. 51
Suppe	zupa [supa] > S. 48 f.
süß	słodki [suottki]
Tagesmenü	menu dnia [mänji dnja]
Tasse	filiżanka [filischanka]
Trinkgeld	napiwek [napiwäk]
Vollkorn	pełnoziarnisty [päunosiarnisti]
Vorspeise	zakąska [sakonska] > S. 48
Wasser	woda [wodda]
würzen	przyprawić [pschiprawitsch]
zäh	żylasty [schilasti]
Zahnstocher	wykałaczka [wikauatschka]
(ohne) Zucker	(bez) cukru [(bäs) zukru]

ESSEN UND TRINKEN

sałata
[sauata]

fasola
[fassolla]

peperoni n
[päppäroni]

papryka
[pappрika]

pomidory
[pommiddori]

ogórek
[oggurák]

kalafior
[kalaforr]

brokuły
[brokuui]

karczoch
[kartschoch]

pieczarki
[pätscharki]

oberżyna
[obärschina]

seler
[sälär]

ziemniaki
[siämnjaki]

cebula
[zäbula]

czosnek
[tschossnäk]

imbir
[immbir]

awokado
[awokado]

marchew f
[marchäf]

kapusta
[kapusta]

pory
[porri]

szparagi
[schparagi]

soczewica
[sotschäwiza]

dynia
[dinjia]

cukinia
[zukinjia]

groch
[groch]

ciecierzyca
[tschätschäschiza]

szpinak
[schpinak]

kukurydza
[kukurridsa]

szałwia
[schauwja]

mięta
[mjänta]

pietruszka
[pätruschka]

rozmaryn
[rosmarin]

morele
[morällä]

banany
[banani]

ananas
[ananas]

mango
[mango]

truskawka
[truskafka]

brzoskwinia
[bschoskwinja]

kiwi
[kiwi]

winogrona
[winogrona]

jabłko
[japko]

gruszki
[gruschki]

jagody
[jagodi]

wiśnie
[wischnjiä]

porzeczki
[poschätschki]

pomarańcze
[pommaranjtschä]

cytryna
[zitrina]

limonka
[limonnka]

papaja
[papaja]

arbuz
[arbus]

melon żółty
[mälon schuuti]

grejpfrut
[gräjpfrut]

granat
[granat]

śliwki
[schlifki]

mirabelki
[mirabällki]

figi
[figi]

liczi
[litschi]

pampelmuse
[pampälmusä]

orzech kokosowy
[oschäch kokosowwi]

kasztany jadalne
[kaschtani jadallnä]

orzeszki ziemne
[oschäschki siämnä]

żurawina
[schurawina]

owoce suszone
[owwottsä suschonnä]

mieszanka studencka
[mjäschanka studänzka]

> ***www.marcopolo.de/polnisch***

ESSEN UND TRINKEN

chleb/tost
[chläp/tosst]

chleb razowy
[chläb rasowwi]

chleb pełnoziarnisty
[chläp päunosiarnisti]

bagietka
[bagätka]

bagel
[bagäl]

precel
[präzäl]

rogalik francuski
[roggalik franzuski]

pieczywo chrupkie
[pätschiwo chrupkä]

chleb turecki
[chläp turäzki]

bułka
[buwka]

bułka pełnoziarnista
[buuka päunosiarnista]

pumpernikiel
[pumpärnikäl]

wafel
[waffel]

donat
[donat]

drożdżówka z nadzieniem
[droschdsufka snadsiänjäm]

ciasto
[tschasto]

wafle ryżowe
[wafflä rischowwä]

musli
[mussli]

płatki kukurydziane
[puatki kukuridsiannä]

jogurt
[joggurt]

masło
[massuo]

jajko
[jajko]

ser
[sär]

mleko
[mläko]

ser pleśniowy
[sär pläschnjowwi]

camembert
[kamambärt]

ser biały
[sär biaui]

serek z ziołami
[säräk ssiouami]

bonbel
[bonbäl]

parmezan
[parmäsan]

ser owczy
[sär oftschi]

wołowina
[wouowina]

podroby
[podrobi]

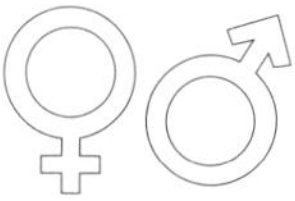

samica/samiec
[samiza/samjäz]

cielęcina
[tschäläntschina]

wieprzowina
[wäpschowina]

baranina
[baranjina]

kurczak
[kurtschak]

kaczka
[katschka]

zając
[sajonnz]

dzik
[dsik]

w kawałku
[fkawauku]

w kostkach
[fkostkach]

mięso mielone
[mänso mälonnä]

szaszłyk
[schaschuik]

stek
[stäk]

filet
[filät]

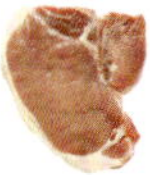

kotlet
[kotlät]

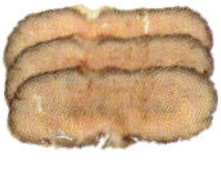

roastbef
[raustbif]

kiełbaski pl
[käubaski]

wędlina
[wändlina]

salami
[salami]

gotowana szynka
[gottowwana schinka]

szynka wędzona
[schinka wändsonna]

słonina
[suonjina]

kurczak z rożna
[kurtschak sroschna]

udko
[uttko]

ESSEN UND TRINKEN

labraks
[labrax]

pstrąg
[pstrong]

tuńczyk
[tunjtschik]

łosoś
[uossosch]

sardynki
[sardinki]

kraby
[krabbi]

scampi
[skampi]

homar
[homar]

muszle
[muschlä]

kalamar
[kalamar]

ostryga
[ostriga]

kawior
[kawior]

woda mineralna niegazowana
[wodda minäralna njägasowwana]

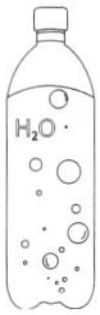

woda mineralna gazowana
[wodda minäralna gasowwana]

mleko
[mläko]

mleko sojowe
[mläko sojowä]

sok
[sock]

cola
[kola]

napój energetyzujący
[napuj änärgätisujonnzi]

piwo
[piwo]

herbata
[chärbata]

kawa
[kawa]

kakao
[kakao]

kostki lodu
[kostki lodu]

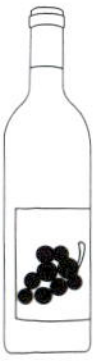
wino czerwone
[wino tschärwonnä]

wino białe
[wino bjauä]

szampan
[schampan]

cocktail
[koktäjl]

ŚNIADANIE [schnjadanjä] | FRÜHSTÜCK

> Zeigebilder: Seite 44 ff.

jajko na miękko [jajko na mänkko]	weiches Ei
jajecznica [jajätschnjiza]	Rührei
jajka ze słoniną [jajka sä suonjinon]	Eier mit Speck
chleb [chläp]	Brot
bułki [buwki]	Brötchen
grzanki [gschanki]	Toast
rogalik [roggalik]	Hörnchen
masło [massuo]	Butter
ser [sär]	Käse
wędlina [wändlina]	Wurst
szynka [schinka]	Schinken
miód [mjut]	Honig
marmolada [marmollada]	Marmelade
musli [mussli]	Müsli
jogurt [joggurt]	Jogurt
owoce [owwottsä]	Obst

PRZEKĄSKI [pschäkonski] | VORSPEISEN

befsztyk tatarski [bäfschtik tatarski]	Tatar
gotowana szynka [gottowwana schinka]	gekochter Schinken
jaja w majonezie [jaja w majonnäsiä]	Eier in Mayonnaise
kaczka w galarecie [katschka w galarätschä]	Ente in Aspik
śledź w oleju [schlätsch w olläju]	Hering in Öl
śledź w śmietanie [schlätsch fschmätanjä]	Hering in Sahne
węgorz wędzony [wängosch wändsionni]	Räucheraal
węgorz w galarecie [wängosch w galarätschä]	Aal in Gelee

ZUPY [supi] | SUPPEN

barszcz z pasztecikiem [barschtsch s paschtätschikäm]	Rote-Bete-Suppe mit Pastete
krupnik [krupnjik]	Graupensuppe
zupa ogórkowa z ryżem [supa oggurkowwa srischäm]	Gurkensuppe mit Reis
zupa pieczarkowa [supa pätscharkowwa]	Champignonsuppe
zupa pomidorowa z makaronem [supa pommidorrowwa smakaronnäm]	Tomatensuppe mit Nudeln

SPEISEKARTE

zupa rosół z makaronem [supa rossuw smakaronnäm]	Fleischbrühe mit Nudeln
zupa rybna [supa ribna]	Fischsuppe
żurek [schuräk]	Sauerteigsuppe

RYBY [ribi] | FISCHGERICHTE

Zeigebilder: Seite 47

filet z dorsza [filät sdorrscha]	Kabeljaufilet
filet z halibuta [filät s-chalibuta]	Heilbuttfilet
karp [karp]	Karpfen
łosoś z grila [uossosch sgrila]	Lachs vom Rost
pstrąg [pstrong]	Forelle
sandacz [sandatsch]	Zander
szczupak [schtschupak]	Hecht
śledź [schlätsch]	Hering
węgorz [wängosch]	Aal

DANIA MIĘSNE [danja mänsnä] | FLEISCHGERICHTE

Zeigebilder: Seite 46

antrykot [antrikott]	Entrecote
baranina [baranjina]	Hammelfleisch
befsztyk z polędwicy [bäfschtik spolländwizi]	Rinderfilet
boef stroganow [bäf strogganoff]	Bœf Stroganow
bryzol wieprzowy [brisoll wäpschowwi]	Schweineschnitzel
bryzol wołowy [brisoll wouowwi]	Rindersteak
golonka [gollonnka]	Eisbein
gulasz [gulasch]	Gulasch
kotlet mielony [kottlät mälonni]	Frikadelle
kotlet schabowy [kottlät ßchabowwi]	Schweinskotelett
pieczeń cielęca [pätschänj tschälänza]	Kalbsbraten
pieczeń wieprzowa [pätschänj wäpschowwa]	Schweinebraten
pieczeń wołowa [pätschänj wouowwa]	Rinderbraten
szaszłyk [schaschuik]	Schaschlik
sznycel po wiedeńsku [schnitschäl po wädänjsku]	Wiener Schnitzel
wątróbka [wonntrupka]	Leber
zrazy [srasi]	Rinderrouladen

DZICZYZNA I DRÓB [dsitschisna i drup] | WILD UND GEFLÜGEL

Zeigebilder: Seite 46

dzik [dsik]	Wildschwein
dzika kaczka [dsika katschka]	Wildente
gęś [gänsch]	Gans
indyk [indik]	Pute
jeleń [jälänj]	Hirsch
kaczka [katschka]	Ente
królik [krulik]	Kaninchen
kurczak [kurtschak]	Hähnchen
sarna [sarna]	Reh
zając [sajonnz]	Hase

DANIA Z JAJ [danja sjaj] | EIERSPEISEN

jajecznica na maśle [jajätschnjiza na maschlä]	Rührei auf Butter
jajecznica na szynce [jajätschnjiza na schinzä]	Rührei mit Schinken
jajko na miękko [jajko na mänko]	weichgekochtes Ei
jajko na twardo [jajko na tfardo]	hartgekochtes Ei
jajko sadzone [jajko sadsonnä]	Spiegelei
omlet [ommlät]	Omelette

DODATKI [dodatki] | BEILAGEN

Zeigebilder: Seite 43

fasolka szparagowa [fassollka schparagowwa]	Schnittbohnen
fasolka zielona [fassollka siälonna]	grüne Bohnen
frytki [fritki]	Pommes frites
kalafior [kalaforr]	Blumenkohl
mizeria [misärja]	Gurkensalat
pieczarki [pätscharki]	Champignons
surówka [surufka]	Rohkostsalat
~ z czerwonej kapusty [stschärwonnäj kapusti]	Rotkrautsalat
~ z czerwonych buraczków [stschärwonnich buratschkuf]	Rote-Bete-Salat
~ z kapusty kiszonej [skapusti kischonnäj]	Sauerkrautsalat
~ z marchwi [smarchfi]	Karottensalat
~ z pomidorów [spommidorruf]	Tomatensalat
szparagi [schparagi]	Spargel

szpinak [schpinak]	Spinat
zielona sałata [siälonna sauata]	grüner Salat
ziemniaki [siämnjaki]	Kartoffeln
~ purée [pirä]	Kartoffelpüree
~ smażone [smaschonnä]	Bratkartoffeln

POTRAWY NARODOWE [potrawi narodowwä] | NATIONALGERICHTE

barszcz czerwony czysty [barschtsch tschärwonni tschisti]	Klare Rote-Bete-Suppe
bigos [bigoss]	Bigos (Sauerkraut mit Wurst und Fleisch, gedünstet)
flaczki wołowe [flatschki wouowwä]	Kuttelsuppe
gołąbki [gouommpki]	Kohlrouladen
grochówka [grochufka]	Erbsensuppe
kapuśniak [kapuschnjak]	Kohlsuppe
naleśniki [naläschnjiki]	Crêpes/Palatschinken
pierogi [päroggi]	Piroggen (gefüllte Teigtaschen)

DESERY [dässäri] | NACHSPEISEN

bita śmietana [bita schmätana]	Schlagsahne
budyń [budinj]	Pudding
galaretka owocowa [galarätka owwottsowwa]	Obstgelee
gruszka [gruschka]	Birne
jabłko [japko]	Apfel
kisiel [kischäl]	geleeartige Obstnachspeise
krem czekoladowy [kräm tschäkolladowwi]	Schokoladencreme
lody [loddi]	Eis
pomarańcza [pommaranjtscha]	Orange
truskawki [truskafki]	Erdbeeren

KAWIARNIA [kawarnja] | CAFÉ

> Zeigebilder: Seite 47

herbata [chärbata]	Tee
~ z cytryną [szitrinon]	Tee mit Zitrone
~ z mlekiem [smläkäm]	Tee mit Milch
herbata ziołowa [chärbata siouowwa]	Kräutertee
kawa czarna [kawa tscharna]	schwarzer Kaffee

kawa mrożona [kawa mroschonna] | Eiskaffee
kawa z mlekiem [kawa s mläkäm] | Kaffee mit Milch
kawa bezkofeinowa [kawa bäskoffäinowwa] | koffeinfreier Kaffee
czekolada [tschäkollada] | Schokolade

LODY [lodi] | EIS

cytrynowe [zitrinowwä] | Zitroneneis
czekoladowe [tschäkolladowwä] | Schokoladeneis
malinowe [malinowwä] | Himbeereis
truskawkowe [truskafkowwä] | Erdbeereis
waniliowe [wanjilowwä] | Vanilleeis

CIASTO [tschasto] | KUCHEN

drożdżówka [droschdschufka] | Hefekuchen
makowiec [makowwäz] | Mohnkuchen
pączki [ponntschki] | Berliner
tort [torrt] | Torte

NAPOJE BEZALKOHOLOWE [napojä bässalkochollowwä] ALKOHOLFREIE GETRÄNKE

pepsi-cola [päpsi kolla] | Pepsi Cola
sok [sock] | Saft
~ jabłkowy [japkowwi] | Apfelsaft
~ pomarańczowy [pommaranjtschowwi] | Orangensaft
~ z czarnej porzeczki [stscharnäj poschätschki] | Saft aus schwarzen Johannisbeeren
~ owocowy [owwottsowwi] | Fruchtsaft
tonic [tonjik] | Tonic
woda mineralna [wodda minäralna] | Mineralwasser

NAPOJE ALKOHOLOWE [napojä alkochollowwä] ALKOHOLISCHE GETRÄNKE

koniak [konjjak] | Kognak
likier [likär] | Likör
piwo [piwo] | Bier
szampan [schampan] | Champagner/Sekt

GETRÄNKEKARTE

winiak [winjak]	Weinbrand
wino [wino]	Wein
~ białe [bjauä]	Weißwein
~ czerwone [tschärwonnä]	Rotwein
~ słodkie [suottkä]	süßer Wein
~ wytrawne [witrawnä]	trockener Wein
wódka [wutka]	Wodka

WIE DIE EINHEIMISCHEN

Insider Tipps

Hausgemacht

Die altpolnische Küche *kuchnia staropolska* [kuchnja staropolska] ist berühmt für ihre deftigen Gerichte mit viel Fleisch und dicken Saucen. Auch heute noch werden die Gäste von den Essensmengen regelrecht überwältigt. In guten Restaurants serviert man immer auch traditionelle Gerichte. Unbedingt probieren sollten Sie die pikanten Kutteln auf polnische Art *flaczki po polsku* [flatschki po polsku] oder das berühmte *bigos* [bigoss] (Eintopf mit Fleisch, Wurst und Sauerkraut), das umso besser schmeckt, je öfter man es aufwärmt. Empfehlenswert sind auch kleine Restaurants, die gute Hausmannskost (*objady domowe* [obbjadi domowwä]) anbieten.

Kostproben

Als Beilage zum Fleisch sollten Sie mal Buchweizengrütze (*kasza gryczana* [kascha gritschana]) oder Kartoffelpuffer (*placki ziemniaczane* [plazki siämnjatschanä]) probieren. Kosten Sie auch eine Spezialität der Tatra-Region: *oscypki* [oszippki] – geräucherten Schafskäse.

Wie die zwölf Apostel

Am Heiligen Abend setzt sich die ganze Familie zusammen an den mit einer weißen Decke gedeckten Tisch. Zuerst wird eine Oblate geteilt und man wünscht sich alles Gute. Dann werden die zwölf Fastenspeisen gereicht: Fischgerichte sind darunter – Karpfen ist obligatorisch –, ebenso Erbsen mit Sauerkraut, Kompott aus getrocknetem Obst und verschiedene Kuchensorten.

Polen: ein Land der Biertrinker

Viele gute polnische Biersorten wie *Żywiec* [schiwäz] oder *Okocim* [ockotschim] haben eine lange Brautradition und werden reichlich genossen. Man geht traditionell in die *piwarnia* [piwarnja] (Bierstube) und in den Städten neuerdings auch in die teureren *puby* [pubi].

> ERFOLGREICH SHOPPEN

Mal ist es der schicke Schuh oder das schöne Souvenir, mal die Zahnbürste oder das Vollkornbrot – jetzt sind Sie für alle Eventualitäten gerüstet. Plus: praktische Zeigebilder

IM GESCHÄFT | W SKLEPIE [fskläpä]

Danke, ich sehe mich nur um.	Dziękuję, oglądam się tylko. [dsiänkujän oglonndam schän tilko]
Wo finde ich ...?	Gdzie dostanę ...? [gdsiä dosstanän]
Haben Sie ...?	Czy ma pan/pani ...? [tschi ma pan/panji]
Nehmen Sie Kreditkarten?	Czy przyjmują państwo karty kredytowe? [tschi pschijmujon panjstfo karti kräditowwä]
Wie viel kostet es?	Ile to kosztuje? [ilä to koschtujä]
Das ist aber teuer!	Ale drogo! [alä drogo]
Geben Sie einen Rabatt?	Czy daje pan/pani jakiś rabat? [tschi dajä pan/panji jakisch rabatt]

EIN KAUFEN

Ich zahle höchstens ...	Mogę zapłacić najwyżej … [mogän sapuatschitsch najwischäj]
Ich nehme es.	Wezmę to. [wäsmän to]
Können Sie mir ein ...geschäft empfehlen?	Czy może mi pan/pani polecić jakiś sklep z …? [tschi moschä mi pan/panji pollätschitsch jakisch skläp s]

ÖFFNUNGSZEITEN GODZINY OTWARCIA [goddsini otwartscha]

offen	otwarty [ottfarti]
geschlossen	zamknięty [samknjänti]
Betriebsferien	zamknięte z powodu urlopu [samknjäntä spowwoddu urloppu]

GESCHÄFTE | SKLEPY [skläpi]

informacja turystyczna
[informazja turistitschna]

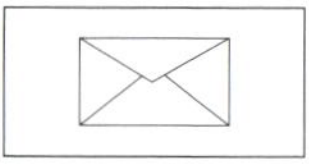
poczta
[pottschta]

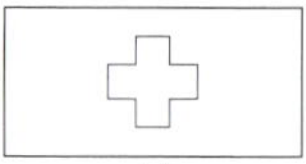
apteka
[aptäka]

drogeria
[droggärja]

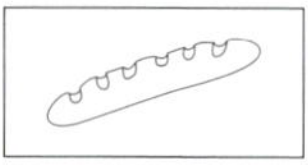
piekarnia
[päkarnja]

sklep warzywniczy
[skläp waschiwnitschi]

sklep mięsny
[skläp mänsni]

sklep ze zdrową żywnością
[skläp säsdrowon schiwnoschtschon]

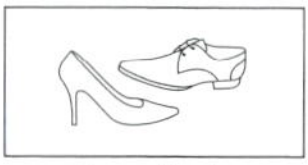
sklep z obuwiem
[skläp sobbuwäm]

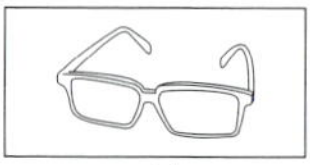
optyk
[opptik]

jubiler
[jubilär]

sklep z wyrobami ze skóry
[skläp swirobami säskuri]

sklep z artykułami elektrycznymi
[skläp sartikuwami äläktritschnimi]

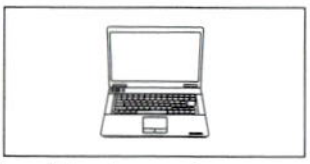
sklep komputerowy
[skläp komputärowwi]

artykuły fotograficzne
[artikuwi fottoggrafitschnä]

sklep z telefonami komórkowymi
[skläp stäläfonami komurkowwimi]

kiosk z gazetami
[kjossk sgasätami]

księgarnia
[kschängarnja]

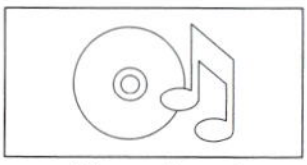
sklep z płytami
[skläp spuitami]

sklep z zabawkami
[skläp ssabafkami]

sklep z winem
[skläp swinäm]

sklep monopolowy
[skläp monnoppollowwi]

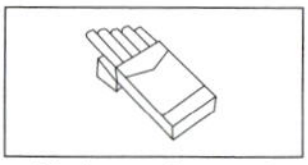
kiosk z papierosami
[kjossk spapärossami]

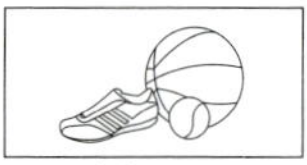
artykuły sportowe
[artikuui sportowwä]

kwiaciarnia
[kfjatscharnja]

fryzjer
[frisjär]

artykuły gospodarstwa domowego
[artikuwi gosspoddarstfa dommowwägo]

biuro podróży
[bjuro poddruschi]

Einkaufszentrum	centrum handlowe [zäntrum chandlowwä]
Flohmarkt	pchli targ [pchli tark]
Kaufhaus	dom towarowy [domm towwarowwi]
Markt	rynek [rinäk]
Reiseandenken	pamiątka z podróży [pamjonntka spodruschi]
Supermarkt	supermarket [supärmarkät]

APOTHEKE | APTEKA [aptäka]

Arzt: Seite 106 ff.

Wo ist die nächste Apotheke?	Gdzie jest najbliższa apteka? [gdsiä jäst najblischscha aptäka]
Geben Sie mir bitte etwas gegen ...	Proszę mi dać coś na … [proschän mi datsch zosch na]

MAN NEHME ... NALEŻY WZIĄĆ ... [naläschi wsionjtsch]

innerlich	wewnętrzny [wäwnäntschni]
äußerlich	zewnętrzny [säwnäntschni]
vor dem Essen	przed jedzeniem [pschät jädsiänjäm]
nach dem Essen	po jedzeniu [po jädsiänju]

weiter auf Seite 60

WIE DIE EINHEIMISCHEN

Insider Tipps

Von Basaren und Märkten

In vielen Städten werden am Wochenende *bazary* [basari] veranstaltet, wo man einfach alles findet: vom Meerschweinchen bis zum Pürierstab, von Turnschuhen bis zur Sonnenbrille, vom PC bis zur Siamkatze. Handeln ist hier oberstes Gebot! Gemüse, Obst und Milchprodukte frisch von den Bauern der Umgebung hingegen findet man auf den meist dienstags und freitags stattfindenden Wochenmärkten *targ* [tark] oder *rynek* [rinnäk]. Die Lebensmittel sind hier frischer und oft auch billiger als in den Läden. Antiquitäten, Elektronikartikel oder auch Autos werden gerne auf sogenannten Börsen, den *giełdy* [giäudi], gekauft. So gibt es etwa eine *giełda komputerowa* [giäuda komputärowwa], eine *giełda staroci* [giäuda starotschi] (Antikbörse) oder eine *giełda sprzętu sportowego* [giäuda spschäntu sportowwägo] (Sportartikelbörse).

Liebster/Liebste – Kochanie

Wenn Sie im Laden oder sogar auf dem Postamt in Polen mit *kochanie* [kochanjä] (Geliebte) angesprochen werden, denken Sie bitte nicht sofort daran, dass jemand Ihnen unanständige Angebote machen will. Es ist eine verbreitete Schmeichelei, die besonders oft von Verkäuferinnen benutzt wird, um Ihnen die Ware „schmackhaft" zu machen. Auch unter Bekannten (besonders unter Frauen) wird dieses Wörtchen immer wieder gebraucht.

DROGERIE | DROGERIA [droggärja]

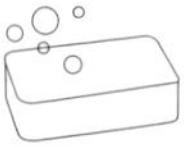
mydło
[miduo]

dezodorant
[däsoddorrant]

krem
[kräm]

papier toaletowy
[papär toalätowwi]

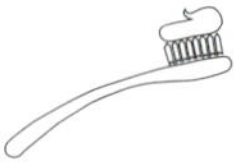
szczoteczka do zębów
[schtschottätschka do sämbuf]

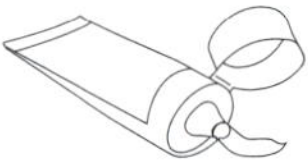
pasta do zębów
[pasta do sämbuf]

nić f dentystyczna
[njitsch däntistitschna]

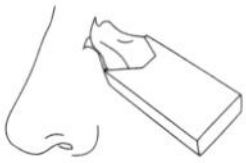
chusteczki jednorazowe
[chustätschki jädnorrasowwä]

szampon do włosów
[schamponn do wuossuf]

utrwalacz fryzury
[utrwalatsch frisuri]

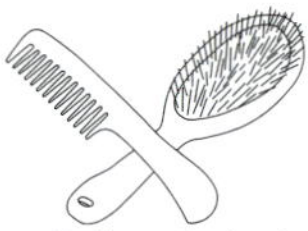
grzebień/szczotka do włosów
[gschäbänj/schtschottka do wuossuf]

lustro
[lustro]

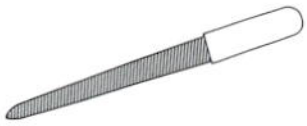
pilnik do paznokci
[pillnik do pasnoktschi]

pincetka
[pinzätka]

nożyczki pl do paznokci
[noschitschki do pasnoktschi]

perfumy pl
[pärfumi]

tampony
[tamponni]

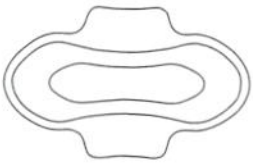
podpaski higieniczne
[pottpaski chigänjitschnä]

tusz do rzęs
[tusch do schäns]

kredka do warg
[krätka do wark]

ostrze do golenia
[osstschä do gollänja]

aparat do golenia
[aparat do gollänja]

woda po goleniu
[wodda po gollänju]

kondom
[konndomm]

krem przeciwsłoneczny
[kräm pschätschifsuonnätschni]

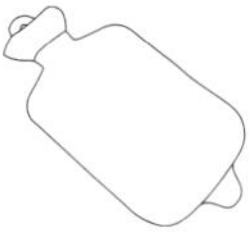
termofor
[tärmofor]

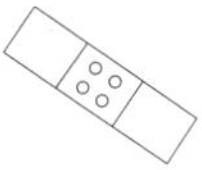
plaster
[plastär]

zatyczka do uszu
[satitschka do uschi]

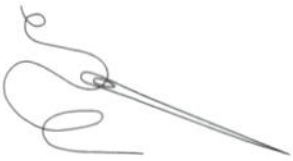
igła
[igua]

nitka
[njitka]

agrafka
[agraffka]

guzik
[gusik]

ELEKTRO/COMPUTER/FOTO
ELEKTRO/KOMPUTER/FILM [äläktro/komputär/film]

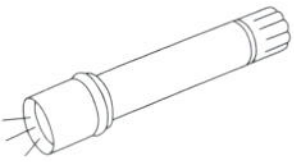
latarka kieszonkowa
[latarka käschonnkowwa]

żarówka
[scharufka]

bateria
[batärja]

adapter
[adaptär]

laptop
[läptop]

kabel do zasilania (laptopa)
[kabäl do saschilanja (läptoppa)]

płyta CD/DVD
[puita zädä/diwidi]

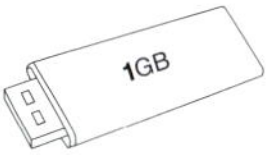

pamięć USB
[pamjäntsch uäsbä]

drukarka
[drukarka]

skaner
[skanär]

komórka
[komurka]

kabel do zasilania (komórki)
[kabäl do saschilanja (komurki)]

telewizor
[täläwisor]

radio
[radjo]

MP trójki/iPod
[ämpi trujki/aipot]

słuchawka
[suuchafka]

aparat cyfrowy
[apparat zifrowwi]

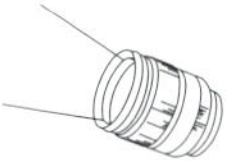
teleobjektyw
[täläobbjäktif]

aku(mulator)
[acku(mulator)]

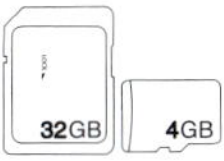

karta pamięci
[karta pamjänntschi]

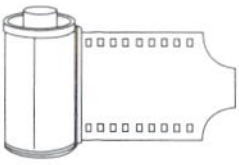
film
[film]

przezrocze
[pschärotschä]

aparat do zdjęć podwodnych
[apparat do sdjänjtsch poddwoddnich]

kamera filmowa
[kamära filmowwa]

budzik
[budsik]

maszynka do golenia
[maschinka do golänja]

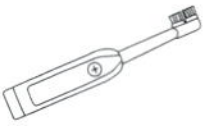
elektryczna szczotka do zębów
[äläktritschna schtschozka do sämbuf]

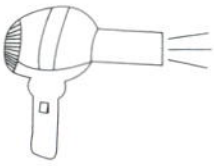
suszarka do włosów
[suscharka do wuossuf]

Antibabypille	pastylki pl antykoncepcyjne [pastilki antikonnzäpzijnä]
Antibiotikum	antybiotyk [antibjottik]
Aspirin®	aspiryna [aspirina]
Augentropfen	krople pl do oczu [kropplä do ottschu]
Beruhigungsmittel	środek uspakajający [schroddäk uspakajajonnzi]
Brandsalbe	maść f na oparzenia [maschtsch na oppaschänja]
Fieberthermometer	termometr [tärmommätr]
Halstabletten	tabletki na gardło [tablätki na garduo]
Hustensaft	syrop na kaszel [siropp na kaschäl]
Insektenmittel	środek przeciw insektom [schroddäk pschätschif insäktomm]
Insulin	insulina [insulina]
Jod(tinktur)	roztwór jodu [rosstfur joddu]
Kondom	kondom [konndomm]
Kopfschmerztabletten	tabletki od bólu głowy [tablätki ott bulu guowwi]
Kreislaufmittel	środek na krążenie [schroddäk na kronschänjä]
Medikament	lekarstwo [läkarstfo]
Mullbinde	gaza [gasa]
Nebenwirkungen	działanie uboczne [dsiauanjä ubottschnä]
Ohrentropfen	krople pl do uszu [kropplä do uschu]
Pflaster	plaster [plastär]
Pille danach	**pigułka „po“** [piguuka po]
Rezept	recepta [räzäpta]
Salbe	maść f [maschtsch]
Schmerztabletten	tabletki przeciwbólowe [tablätki pschätschiwbulowwä]
Sonnenbrand	oparzenie słoneczne [oppaschänjä suonnätschnä]
Tablette	tabletka [tablätka], pigułka [piguwka]
Tropfen	krople pl [kropplä]
Zäpfchen	czopki pl [tschoppki]

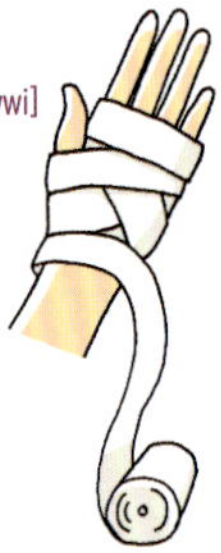

FRISEUR | FRYZJER [frisjär]

Kann ich mich für morgen anmelden?	Czy mogę się zapisać na jutro? [tschi moggän schän sapissatsch na jutro]
Schneiden mit/ohne Waschen, bitte.	Strzyżenie z myciem/bez mycia, proszę. [stschischänjä smitschäm/bäs mitscha, proschän]
Etwas kürzer, ...	Trochę krócej, … [trochän kruzäj]
Nicht zu kurz, ...	Nie za krótko, … [njä sa krutko]
Ganz kurz, ... bitte.	Zupełnie krótko, … [supäunjä krutko] proszę. [proschän]
Rasieren, bitte.	Golenie, proszę. [gollänjä, proschän]
Stutzen Sie mir bitte den Bart.	Proszę mi podciąć brodę. [proschän mi pottschontsch broddän]
Vielen Dank. So ist es gut.	Dziękuję bardzo. Tak jest dobrze. [dsiänkujän bardsio. tak jäst dobbschä]

Augenbrauen zupfen	korygować brwi [korrigowwatsch brwi]
Bart	broda [brodda]
färben	farbować [farbowwatsch]
föhnen	układać suszarką [ukuadatsch suscharkon]
frisieren	fryzować [frisowwatsch]
Frisur	fryzura [frisura]
glätten	prostować [prostowwatsch]
Haar	włosy pl [wuossi]
Haarschnitt	obcinanie/strzyżenie włosów [opptschinanjä/stschischänjä wuossuf]
kämmen	czesać [tschässatsch]
Locken	loki [locki]
Pony	grzywka [gschiffka]
Scheitel	przedziałek [pschädsiauäk]
Schnurrbart	wąsy pl [wonsi]
Schuppen	łupież [uupäsch]
Shampoo	szampon [schamponn]
Spitzen schneiden	obciąć końce [optschjontsch kojnzä]
Strähne	pasemka [pasämka]
Stufen	cieniowanie [tschänjowanjä]
tönen	cieniować [tschänjowwatsch]

OPTIKER | OPTYK [opptik]

Würden Sie mir bitte diese Brille reparieren?	Czy może mi pan/pani zreperować te okulary? [tschi moschä mi pan/panji sräpärowwatsch tä ockulari]
Ich bin kurzsichtig/weitsichtig.	Jestem krótkowidzem/dalekowidzem. [jästäm krutkowwidsiäm/daläkowwidsiäm]
Wie ist Ihre Sehstärke?	Jakie szkła pan/pani nosi? [jakä schkua pan/panji noschi]
rechts plus/minus ..., links ...	prawe plus/minus …, lewe … [prawä plus/minus ..., läwä]
Wann kann ich die Brille abholen?	Kiedy mogę odebrać moje okulary? [kädi moggän oddäbratsch mojjä ockulari]
Ich brauche ...	Potrzebuję … [pottschäbujän]
Aufbewahrungslösung	płyn do przechowywania [puin do pschächowwiwanja]
Reinigungslösung	płyn do czyszczenia/mycia [puin do tschischtschänja/mitscha]
für harte/weiche Kontaktlinsen.	twardych/miękkich soczewek. [tfardich/mänkkich sottschäwäk]
Ich suche ...	Szukam … [schukam]
Eintageslinsen.	soczewek jednodniowych. [sottschäwwäk jädnodnjowwich]
eine Sonnenbrille.	okularów słonecznych. [ockularuf suonnätschnich]

KLEIDUNG | UBRANIE [ubranjä]

Können Sie mir ... zeigen?	Czy może mi pan/pani pokazać …? [tschi moschä mi pan/panji pockasatsch]
Kann ich es anprobieren?	Czy mogę to przymierzyć? [tschi moggän to pschimäschitsch]
Welche (Konfektions-)Größe haben Sie?	Jaki rozmiar pan/pani nosi? [jaki rossmjar pan/panji noschi]
Das ist mir zu klein/groß.	To jest dla mnie za małe/duże. [to jäst dla mnjä sa mauä/duschä]
Das passt gut. Ich nehme es.	To pasuje. Wezmę to. [to passujä. wäsmän to]
Danke schön, ich habe nichts gefunden (, was mir gefällt).	Dziękuję bardzo, nie znalazłem/znalazłam nic (, co by mi się podobało). [dsiänkujän bardsio njä snalasuäm/snalasuam niz (zo bi mi schän poddobbauo)]
Haben Sie das auch noch in einer anderen Farbe?	Czy jest to dostępne też w innym kolorze? [tschi jäst to dostänpnä tesch winnim koloschä]
Danke, ich denke nochmals darüber nach.	Dziękuję, jeszcze się zastanowię. [dsiänkujän jäschtschä schän sastanowän]

LEBENSMITTEL | ARTYKUŁY SPOŻYWCZE [artikuwi sposchiwtschä]

Eine ausführliche Übersicht von Lebensmitteln und Gerichten finden Sie im Kapitel ESSEN UND TRINKEN auf Seite 43 ff.

Was ist das?	Co to jest? [zo to jäst]
Kann ich es probieren?	Czy mogę spróbować? [tschi mogän sprubowwatsch]
Verkaufen Sie ...?	Czy mają Państwo w sprzedaży …? [tschi majon panjstwo fspschädaschi]
Bioprodukte	produkty ekologiczne [produkti äkologitschnä]
Produkte aus der Region	produkty regionalne [produkti rägjonallnä]
Geben Sie mir bitte ...	Proszę … [proschän]
ein Pfund (500 g) ...	pół kilo … [puu kilo]
ein Kilo ...	kilogram … [kiloggram]
ein Stück von ...	kawałek … [kawauäk]
eine Packung ...	paczkę … [patschkän]
eine Dose/eine Flasche ...	puszkę/butelkę … [puschkän/butälkän]
eine Einkaufstüte.	torebkę plastykową. [torräpkän plastikowwon] fam reklamówkę. [räklamufkän]
Danke, das ist alles.	Dziękuję, to wszystko. [dsiänkujän, to fschistko]

weiter auf Seite 64

T-Shirt
[tischört]

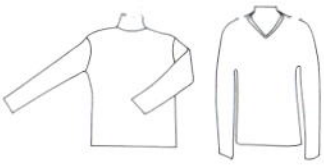
pulower
[pulowwär]

bluza z kapturem
[blusa skapturäm]

żakiet (f)/marynarka (m)
[schakät/marinarka]

spodnie pl
[spoddnjä]

szorty
[schorti]

spódniczka
[spudnjitschka]

pasek
[passäk]

bluzka
[bluska]

koszula
[koschula]

marynarka
[marinarka]

sweter rozpinany
[swätär rozpinanni]

garnitur
[garnjitur]

suknia
[suknja]

kostium
[kosstjum]

płaszcz skórzany
[puaschtsch skuschani]

rajstopy pl
[rajstoppi]

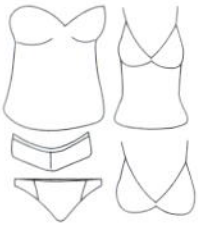
bielizna
[bälisna]

płaszcz kąpielowy
[puaschtsch kommpälowwi]

skarpetki/pończochy
[skarpätki/ponjtschochi]

kąpielówki
[kommpälufki]

kostium kąpielowy
[kosstjum kommpälowwi]

bikini n
[bikinji]

czapka
[tschapka]

kapelusz
[kapälusch]

rękawiczki
[ränkawitschki]

szal
[schal]

alkoholfreies Bier	piwo bezalkoholowe [piwo bässalkochollowwä]
Aufschnitt	pokrojona wędlina różnego rodzaju [pockrojjonna wändlina ruschnägo roddsiaju]
Babynahrung	jedzenie dla niemowląt [jädsiänjä dla njämowwlonnt]
Backwaren	pieczywo [pätschiwo] > S. 45, 48
Bier	piwo [piwo] > S. 47, 52
Biokost	zdrowa żywność [sdrowwa schiwnoschtsch]
Brot	chleb [chläp] > S. 45, 48
Brötchen	bułki pl [buwki] > S. 45, 48
Butter	masło [massuo] > S. 45, 48
Eier	jajka [jajka] > S. 45, 48
Eis	lody [lodi] > S. 52
Essig	ocet [ottsät]
Fisch	ryba [riba] > S. 47, 49
Fleisch	mięso [mänso] > S. 46, 49
frisch	świeży [schfäschi]
Gebäck	pieczywo [pätschiwo] > S. 45, 52
Geflügel	drób [drup] > S. 46, 50
Gemüse	jarzyny pl [jaschini] > S. 43, 50 f.
Getränke	napoje [napojä] > S. 47, 52 f.
Joghurt	jogurt [joggurt] > S. 45, 48
Kaffee	kawa [kawa] > S. 47, 51 f.
Käse	ser [sär] > S. 45, 48
Konserven	konserwy [konnsärwi]
(ohne) Konservierungsstoffe	bez konserwantów [bäs konsärwanntuf]
Kuchen	ciasto [tschasto] > S. 45, 52
Limonade	lemoniada [lämonjada]
Marmelade	marmolada [marmollada], dżem [dschäm] > S. 48
Mayonnaise	majonez [majonnäs]
Mehl	mąka [monka]
Milch/Milchprodukte	mleko/produkty mleczne [mläko/produkti mlätschnä] > S. 45
Mineralwasser	woda mineralna [wodda minäralna] > S. 47, 52
Nudeln	makaron [makaronn]
Nüsse	orzechy [oschächi] > S. 44
Obst	owoce pl [owwottsä] > S. 44, 48
Öl	olej [olläj]
Orangensaft	sok pomarańczowy [sock pommaranjtschowwi] > S. 52
Pfeffer	pieprz [päpsch]
Sahne	śmietana [schmätana]
Salat	sałatka [sauatka] > S. 43, 50 f.
Salz	sól [sul]
Schokolade	czekolada [tschäkollada]
Senf	musztarda [muschtarda]
Suppe	zupa [supa] > S. 48 f.

Süßigkeiten	słodycze [suodditschä]
Toast	toast [toast], tost [tosst], grzanka [gschanka] > S. 45, 48
Vollkorn	pełnoziarnisty [päunosiarnisti]
Wein	wino [wino] > S. 47, 52
Würstchen	kiełbaski pl [käubaski]
Wurst	wędlina [wändlinna] > S. 46, 48
(ohne) Zucker	(bez) cukru [bäs zukru]

SCHMUCKWAREN | JUBILER [jubilär]

Ich möchte ein schönes Andenken/Geschenk.	Chciałbym/chciałabym jakąś ładną pamiątkę/jakiś ładny prezent. [chtschaubim/chtschauabim jakonsch uadnon pamjonntkän/jakisch uadni präsänt]

Anhänger	wisiorek [wischorräk]
Armband	branzoletka [bransollätka]
Armbanduhr	zegarek na rękę [sägaräk na ränkän]
Brosche	broszka [broschka]
echt	prawdziwy [prawdsiwwi]
(Edel-)Stein	(szlachetny) kamień [(schlachätni) kamjänj]
Gold	złoto [suotto]
Kette	łańcuszek [uanjzuschäk]
Kristall	kryształ [krischtau]
Modeschmuck	modna biżuteria [moddna bischutärja]

WIE DIE EINHEIMISCHEN

Insider Tipps

Nächtliche Gelüste ...

... und der Kühlschrank ist leer? Kein Problem! Bestellen Sie einfach bei einer Taxizentrale (*radio taxi* [radio taksi]) die gewünschten Produkte, und ein Taxifahrer besorgt sie Ihnen aus einem der 24 Stunden geöffneten Geschäfte. Man zahlt lediglich den normalen Fahrpreis und den Einkauf! Trinkgeld wird natürlich gerne angenommen.

Im Kiosk ...

kann man einfach alles kriegen. Kioske (*kiosk* [kiosk]) haben eine lange Tradition und sind an fast allen Ecken zu finden. Man bekommt Fahrkarten für Bus oder Straßenbahn, Zeitungen und Zigaretten, Briefmarken, Telefonkarten, Strumpfhosen, Waschmittel, Getränke, Naschereien und ... und ...

Ohrringe	kolczyki [kolltschiki]
Perle	perła [pärua]
Ring	pierścionek [pärschtschonnäk]
Schmuck	biżuteria [bischutärja]
Silber	srebro [sräbro]
wasserdicht	wodoodporne [woddoopornä]

SCHUHGESCHÄFT | SKLEP Z OBUWIEM [skläp sobbuwäm]

Ich möchte ein Paar Schuhe.	Proszę o parę butów. [proschän oparän butuf]
Ich habe Schuhgröße ...	Noszę buty numer … [noschän buti numär]
Sie sind zu eng/weit.	Te są za wąskie/duże. [tä son sa wonskä/duschä]

(mit) Absatz	(na) obcasie [na oppzaschä]
Damenschuh	buty damskie [buti damskä]
Leder-/Gummisohle	skórkowa/gumowa podeszwa [skurkowwa/gumowwa poddäschwa]
Männerschuh	buty męskie [buti mänskä]
Mokassin	mokasyny [mokassini]
Sandalen	sandały [sandaui]
Schuhcreme	pasta do butów [pasta do butuf]
Stiefel	buty pl z cholewami [buti s-chholläwami] kozaczki pl [kossatschki]
Turnschuhe	obuwie gimnastyczne [obbuwä gimnastitschnä], tenisówki [tänjissufki]
Wander-/Trekkingschuh	buty do wędrówki/buty trekingowe [buti do wändrufki/buti tränkingowwä]

SOUVENIRS | PAMIĄTKI [pamjonntki]

Ich hätte gern ...	Proszę … [proschän]
ein hübsches Andenken.	ładną pamiątkę. [uadnon pamjonntkän]
etwas Typisches aus dieser Gegend.	coś typowego z tej okolicy. [zosch tipowwägo stäj okolizi]
Ich möchte etwas nicht zu Teures.	Chciałbym/chciałabym coś niedrogiego. [chtschaubim/chtschauabim zosch njädrogjägo]
Das ist aber hübsch.	To jest piękne! [to jäst pänknä]

Können Sie mir das bitte als Geschenk verpacken?	Czy mógłby pan/mogłaby pani zapakować to jako prezent? [tschi mugubi pan/mogguabi panji sapakkowatsch to jako präsänt]
Danke schön, ich habe nichts gefunden(, was mir gefällt).	Dziękuję bardzo, nie znalazłem/znalazłam nic (, co by mi się podobało). [dsiänkujän bardso njä snalasuäm/snalasuam niz (zo bi mi schän poddobbauo)]
handgemacht	wyrób ręczny [wirob räntschni]
Keramik	ceramika [zäramika]
kitschig	kiczowate [kitschowatä]
Mitbringsel	pamiątka [pamjonntka]
regionales Produkt	wyrób regionalny [wirob rägionalni]
Schmuck	biżuteria [bischutärja]
Schnitzerei	snycerstwo [snizärstwo]
Töpferwaren	wyroby garncarskie [wirobi garnzarskä]

SCHREIBWAREN UND BÜCHER
ARTYKUŁY PISEMNE I KSIĄŻKI [artikuui pisämmnä i kschonschki]

Haben Sie deutsche Zeitungen/Zeitschriften?	Czy są niemieckie gazety/czasopisma? [tschi son njämäzkä gasäti/tschassoppissma]
Ich hätte gern ...	Proszę … [proschän]
einen deutschen/englischen Roman.	niemiecką/angielską powieść. [njämjäzkon/angälskon powäschtsch]
einen Kriminalroman.	kryminał. [kriminau]
einen Reiseführer.	przewodnik turystyczny. [pschäwoddnjik turistitschni]
Bleistift	ołówek [ouuwäk]
Briefmarke	znaczek pocztowy [snatschäk pottschtowwi]
Briefumschlag	koperta [koppärta]
Kochbuch	książka kucharska [kschonschka kucharska]
Kugelschreiber	długopis [duugoppis]
Landkarte	mapa [mapa]
Reiseführer	przewodnik [pschäwoddnjik]
Roman	powieść f [powwäschtsch]
Stadtplan	plan miasta [plan mjasta]
Straßenkarte	atlas samochodowy [atlas samochoddowwi]
Taschenbuch	wydanie kieszonkowe [widanjä käschonnkowwä]
Wanderkarte dieser Gegend	mapa turystyczna tej okolicy [mapa turistitschna täj okolizi]
Zeichenblock	blok rysunkowy [block risunkowwi]
Zeitschrift	czasopismo [tschassoppissmo]
Zeitung	gazeta [gasäta]

> ZIMMER MIT AUSSICHT

Ob WLAN im Hotel, die Kinderbetreuung in der Ferienanlage, die Rechnung per Kreditkarte – alles nur eine Frage des Service. Äußern Sie Ihre Wünsche!

AUSKUNFT

> Reiseplanung: Seite 8 f.

Können Sie mir bitte ... empfehlen?	Może mi pan/pani polecić ...? [moschä mi pan/panji pollätschitsch]
ein gutes Hotel	dobry hotel [dobbri chottäl]
eine Pension/ein Zimmer	pensjonat/pokój [pänsjonnat/pockuj]
Gibt es hier einen Campingplatz/eine Jugendherberge?	Czy jest tutaj kemping/schronisko młodzieżowe? [tschi jäst tutaj kämpink/ßchronjisko muoddsiäschowwä]
Können Sie mir bitte etwas in der Nähe empfehlen?	Czy może mi pan/pani polecić coś w okolicy? [tschi moschä mi pan/panji pollätschitsch zosch fokolizy]

ÜBER NACHTEN

... IM HOTEL

REZEPTION | RECEPCJA [räzäpzja]

Ich habe bei Ihnen ein Zimmer reserviert. Mein Name ist ...	Zarezerwowa-łem/łam u Państwa pokój. Nazywam się … [saräsärwowwa-uäm/uam u panjstwa pockuj. nasiwam schän]
Haben Sie noch Zimmer frei?	Czy ma pan/pani jeszcze wolne pokoje? [tschi ma pan/panji jäschtschä wollnä pockojjä]
... für eine Nacht/zwei Tage.	… na jedną noc/dwa dni. [na jädnon notts/dwa dnji]

... für eine Woche. — ... na tydzień. [na tidsiänj]

Nein, wir sind leider vollständig belegt. — Nie, wszystkie pokoje są niestety zajęte. [njä, fschistkä pockojjä son njästäti sajäntä]

Ja, was für ein Zimmer wünschen Sie? — Tak, jaki pokój pan/pani sobie życzy? [tak, jaki pockuj pan/panji sobbä schitschi]

ein Einzelzimmer — jednoosobowy ... [jädnoossobbowwi]

ein Zweibettzimmer — dwuosobowy ... [dwuossobbowwi]

mit Dusche — z prysznicem. [sprischnjizäm]

mit Bad — z łazienką. [suasiänkon]

ein ruhiges Zimmer — zaciszny pokój [satschischni pockuj]

mit Blick aufs Meer/auf den See — z widokiem na morze/z widokiem na jezioro. [swidockäm na moschä/swidockäm na jäsiorro]

Kann ich das Zimmer ansehen? — Mogę ten pokój obejrzeć? [moggän tän pockuj obbäjschätsch]

Können Sie noch ein drittes Bett/Kinderbett dazustellen? — Może pan/pani wstawić jeszcze jedno łóżko/łóżeczko dziecięce? [moschä pan/panji fstawitsch jäschtschä jädno uuschko/uuschätschko dschätschänzä]

Haben Sie WLAN? — Czy jest tu Wi-Fi? [tschi jäst tu wi-fi]

Was kostet das Zimmer mit ... — Ile kosztuje pokój ... [ilä koschtujä pockuj]

Frühstück? — ze śniadaniem? [sä schnjadanjäm]

Halbpension? — ze śniadaniem i kolacją? [sä schnjadanjäm i kollazjon]

Vollpension? — z całodziennym utrzymaniem? [szauoddsiännim utschimanjäm]

Ab wann gibt es Frühstück? — Od której jest śniadanie? [ott kturäj jäst schnjadanjä]

Wo ist das Restaurant? — Gdzie tu jest restauracja? [gdsiä tu jäst rästaurazja]

Wecken Sie mich bitte morgen früh um ... Uhr. — Proszę mnie jutro rano obudzić o godzinie ... [proschän mnjä jutro rano obbudsitsch ogoddsinjä]

> Frühstück: ESSEN UND TRINKEN auf Seite 48

BEANSTANDUNGEN | REKLAMACJE [reklamazjä]

Das Zimmer ist nicht gereinigt worden. — Pokój nie został sprzątnięty. [pockuj njä sosstau spschontnjänti]

Die Dusche ... — Prysznic ... [prischnjiz]

Die Spülung ... — Spłuczka ... [spuutschka]

Die Heizung ... — Ogrzewanie ... [oggschäwanjä]

Das Licht ... — Światło ... [schwjatuo]

funktioniert nicht. — nie funkcjonuje. [njä funkzjonnujä]

Es kommt kein (warmes) Wasser. — Nie leci (ciepła) woda. [njä lätschi (tschäpua) wodda]

Die Toilette/Das Waschbecken ist verstopft. — Toaleta/Umywalka jest zapchana. [toaläta/umiwalka jäst sapchana]

ÜBERNACHTUNG

ABREISE | ODJAZD [odjast]

Wann muss ich spätestens auschecken?	Do kiedy najpóźnej muszę zwolnić pokój? [do kädi najpuschnäj muschän swollnitsch pockuj]
Kann ich mein Gepäck bis (heute Abend) hierlassen?	Czy mogę tutaj zostawić bagaż (do dzisiaj wieczorem)? [tschi moggän tutaj sostawitsch bagasch
Ich reise heute Abend/ morgen um ... Uhr ab.	Wyjeżdżam dzisiaj wieczorem/jutro o godzinie … [wijäschdscham dsischaj wätschorräm/jutro ogoddsinjä]
Machen Sie bitte die Rechnung fertig.	Proszę przygotować rachunek. [proschän pschigottowwatsch rachunäk]
Kann ich mit Kreditkarte bezahlen?	Czy mogę zapłacić kartą kredytową? [tschi moggän sapuatschitsch karton kräditowwon]
Vielen Dank für alles! Auf Wiedersehen!	Bardzo dziękuję za wszystko! Do widzenia! [bardsio dsiänkujän sa fschistko. do widsiänja]

Abendessen	kolacja [kollazja]
Adapter	adapter [adaptär]
Anmeldung	zameldowanie [samäldowwanjä]
Babyfon	niania elektroniczna [njanja äläktronitschna]
Bademantel	szlafrok [schlafrock]
Badezimmer	łazienka [uasiänka]
Bett	łóżko [uuschko]
Bettwäsche	pościel [poschtschäl]
Bügeleisen	żelazko [schälasko]
Dusche	prysznic [prischnjiz]
Etage	piętro [päntro]
Fenster	okno [ockno]
Fernsehraum	sala telewizyjna [sala täläwisijna]
Frühstück	śniadanie [schnjadanjä]

WIE DIE EINHEIMISCHEN

Insider Tipp

Ein Zimmer, bitte!

In den schönsten Ecken Polens gibt es die Möglichkeit, ein Zimmer in einem sogenannten *ośrodek wczasowy* [oschrodäk ftschasowi] zu buchen. Die ehemaligen Betriebsferienheime liegen landschaftlich besonders schön, sind relativ günstig und bieten meist Vollpension.

Frühstücksraum	jadalnia [jadalnja]
Halbpension	pobyt ze śniadaniem i kolacją [pobit sä schnjadanjäm i kollazjon]
Handtuch	ręcznik [räntschnjik]
Hauptsaison	szczyt sezonu [schtschit säsonnu]
Heizung	ogrzewanie [oggschäwanjä]
Kinderbetreuung	opieka do dzieci [oppäcka do dsiätschi]
Kinderbett	łóżko dziecięce [uuschko dsiätschänzä]
Kinder-Spielzimmer	pokój zabaw dla dzieci [pockuj sabaf dla dsiätschi]
Klimaanlage	klimatyzacja [klimatisazja]
Kopfkissen	poduszka [podduschka]
Lampe	lampa [lampa]
Mittagessen	obiad [obbjat]
Nachsaison	po sezonie [po säsonjä]
Pension	pensjonat [pänsjonnat]
Portier	portier [porrtjär]
Radio	radio [radjo]
reinigen	sprzątać [spschontatsch]
(Sofort-)Reinigung (Kleidung)	(ekspresowne) czyszczenie (odzieży) [(äkspräsowwä) tschischtschänjä (oddsiäschi)]
Reservierung	rezerwacja [räsärwazja]
Restaurant	restauracja [rästaurazja]
Rezeption	recepcja [räzäpzja]
Schlüssel	klucz [klutsch]
Schrank	szafa [schafa]
Spiegel	lustro [lustro], lusterko [lustärko]
Steckdose	gniazdko kontaktowe [gnjastko konntaktowwä]
Stecker	wtyczka [ftitschka]
Toilette	toaleta [toaläta]
Toilettenpapier	papier toaletowy [papär toalätowwi]
Übernachtung	nocleg [nottsläg]
(mit Frühstück)	(ze śniadaniem) [sä schnjadanjäm]
Vollpension	pobyt całodzienne [pobit zauoddsiännä]
Vorsaison	przed sezonem [pschät säsonnäm]
Waschbecken	umywalka [umiwalka]
Wasser	woda [wodda]
kaltes Wasser	zimna woda [simna wodda]
warmes Wasser	ciepła woda [tschäpua wodda]
Wasserhahn	kurek [kuräk]
WLAN	Wi-Fi [wi-fi]
Zimmer	pokój [pockuj]
Zimmermädchen	pokojówka [pockojjufka]

ÜBERNACHTUNG

... IM FERIENHAUS

Reiseplanung: Seite 9

Ist ... im Mietpreis enthalten?	Czy … jest zawarte w cenie za wynajęcie? [tschi ... jäst sawartä fzänjä sa winajäntschä]
der Stromverbrauch	zużycie prądu [suschitschä prondu]
der Wasserverbrauch	zużycie wody [suschitschä woddi]
Sind Bettwäsche und Handtücher vorhanden?	Czy jest pościel i ręczniki? [tschi jäst poschtschäl i räntschnjiki]
Sind Haustiere erlaubt?	Czy dozwolone są zwierzęta domowe? [tschi dosswollonnä son swjäschänta dommowwä]
Wo bekommen wir die Schlüssel für das Haus/ die Wohnung?	Gdzie otrzymamy klucze do domu/mieszkania? [gdsiä ottschimami klutschä do dommu/mäschkanja]
Müssen wir die Endreinigung selbst übernehmen?	Czy musimy sami na koniec posprzątać? [tschi muschimi sami na konjäz posspschontatsch]

Anreisetag	dzień przyjazdu [dsiänj pschijasdu]
Anzahlung	zaliczka [salitschka]
Apartment	apartament [apartamänt]
Bettwäsche	pościel [poschtschäl]
Bungalow	bungalow [bungalou]
Endreinigung	sprzątanie końcowe [spschonntanjä konjzowwä]
Ferienanlage	ośrodek wypoczynkowy [oschroddäk wipottschinkowwi]
Ferienhaus	dom wczasowy [domm ftschassowwi]
Ferienwohnung	mieszkanie dla wczasowiczów [mäschkanjä dla ftschassowwitschuf]
Flaschenöffner	otwieracz do butelek [otfäratsch do butäläk]
Handtuch	ręcznik [räntschnjik]
Hausbesitzer	właściciel domu [wuaschtschitschäl dommu]
Haustiere	zwierzęta domowe [swjäschänta dommowwä]
Kochnische	wnęka kuchenna [wnänka kuchänna]
Korkenzieher	korkociąg [korrkottschonk]
Miete	cena za wynajęcie [zäna sa winajäntschä]
Müll	śmieci [schmätschi]
Mülltrennung	segregacja śmieci [sägrägazja schmätschi]
Nebenkosten	koszty dodatkowe [koschti doddatkowwä]
Schlafcouch	tapczan [taptschan]
Schlafzimmer	sypialnia [sipjalnja]
Schlüssel	klucz [klutsch]
Strom	prąd [pronnt]
vermieten	wynajmować [winajmowwatsch]

talerz
[taläsch]

szklanka/szklanki
[schklanka/schklanki]

filiżanka/filiżanki
[filischanka/filischanki]

kieliszek do jaj
[kälischäk do jaj]

widelec
[widäläz]

łyżka
[uischka]

nóż
[nusch]

łyżka do kawy
[uischka do kawi]

łyżka do mieszania
[uischka do mjäschanja]

łopatka
[uoppatka]

łyżka wazowa
[uischka wasowwa]

trzepaczka
[tschäpatschka]

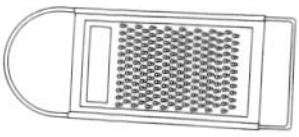
tartka
[tartka]

deska do krojenia
[däska do krojänja]

sito
[sito]

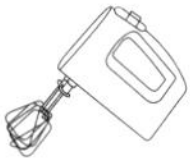
mikser
[miksär]

gernek
[garnäk]

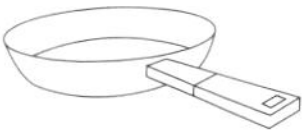
patelnia
[patälnja]

miska
[miska]

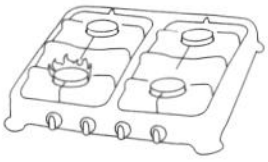
kuchenka gazowa
[kuchänka gasowwa]

piekarnik
[päkarnik]

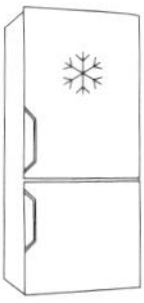
lodówka
[loddufka]

zmywarka
[smiwarka]

pralka
[pralka]

czajnik elektryczny
[tschajnjik äläktrischni]

automat do kawy
[autommat do kawi]

filtr do kawy
[filtr do kawi]

automat do grzanek
[autommat do gschanäk]

odkurzacz
[ottkuschatsch]

mop
[mopp]

żelazko
[schälasko]

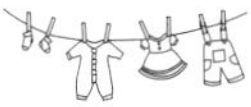
sznur do bielizny
[schnur do bälisni]

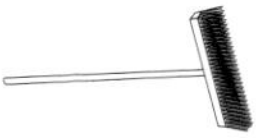
szczotka
[schtschotka]

szufelka
[schufälka]

środki czystości
[schrotki tschistoschtschi]

wiadro
[wjadro]

... AUF DEM CAMPINGPLATZ

Haben Sie noch Platz für einen Wohnwagen/ein Zelt?	Czy ma pan/pani jeszcze miejsce na jedną przyczepę kempingową/jeden namiot? [tschi ma pan/panji jäschtschä mäjszä na jädnon pschitschäpän kämpingowwon/jädän namjott]
Wie hoch ist die Gebühr pro Tag und Person?	Jaka jest cena za dzień i za osobę? [jaka jäst zäna sa dsiänj i sa ossobbän]
Wie hoch ist die Gebühr für ...	Jaka jest cena za ... [jaka jäst zäna sa]
das Auto?	samochód? [samochut]
den Wohnwagen?	przyczepę kempingową? [pschitschäpän kämpingowwon]
das Wohnmobil?	karawaning? [karawanjing]
das Zelt?	namiot? [namjott]
Wir bleiben ... Tage/ Wochen.	Zostaniemy ... dni/tygodnie. [sosstanjämi ... dnji/tigoddnjä]
Gibt es hier ein Lebensmittelgeschäft?	Czy jest tu sklep spożywczy? [tschi jäst tu skläp sposchiftschi]
Wo sind ...	Gdzie są... [gdsiä son]
die Toiletten?	toalety? [toaläti]
die Waschräume?	umywalnie? [umiwalnjä]
die Duschen?	prysznice? [prischnjizä]

Abfallbeutel	torebka na śmieci [torräpka na schmätschi]
Benutzungsgebühr	opłata za korzystanie [oppuata sa koschistanjä]
Brennspiritus	spirytus do maszynki spirytusowej [spiritus do maschinki spiritussowwäj]
Camping	kemping [kämpink]
Campingplatz	kempingowy plac [kämpingowwi plaz]
Dosenöffner	otwieracz do puszek [otfäratsch do puschäk]
Essbesteck	sztućce [schtutschzä]
Flaschenöffner	otwieracz do butelek [otfäratsch do butäläk]
Gasflasche	butla gazowa [butla gasowwa]
Gaskocher	kuchenka gazowa [kuchänka gasowwa]
Geschirrspülbecken	zlewozmywak [släwossmiwak]
Grill	rożen [roschän]
Grillkohle	węgiel drzewny [wängäl dschäwni]
Hammer	**młotek** [muotäk]
Hering	**śledź** [schlätsch]
Kerzen	świece [schfjäzä]
Kocher	kocher [kochär], kuchenka [kuchänka]
Korkenzieher	korkociąg [korrkottschonk]
leihen	wypożyczać [wiposchitschatsch]

ÜBERNACHTUNG

Leihgebühr	opłata za wypożyczenie [oppuata sa wiposchitschänjä]
Papierservietten	serwetki papierowe [särwätki papärowwä]
Petroleum	nafta [nafta]
Petroleumlampe	lampa naftowa [lampa naftowwa]
Schlafsack	śpiwór [schpiwur]
Sonnenschirm	parasol (od słońca) [parassoll (ott suonjza)]
Spaten	łopatka [uoopatka]
Steckdose	gniazdko [gnjastko]
Stecker	wtyczka [ftitschka]
Strom	prąd [pronnt]
Stromanschluss	przyłączenie do sieci elektrycznej [pschiuontschänjä do schätschi äläktritschnäj]
Taschenlampe	latarka [latarka]
Taschenmesser	scyzoryk [szisorrik]
Trinkwasser	woda pitna [wodda pitna]
Voranmeldung	uprzednie zgłoszenie [upschädnjä sguoschänjä]
Wäschetrockner	suszarka [suscharka]
Wasser	woda [wodda]
Wohnmobil	karawaning [karawanjing]
Wohnwagen	przyczepę kempingową [pschitschäpän kämpingowwon]
Zelt	namiot [namjott]

... IN DER JUGENDHERBERGE

Kann ich bei Ihnen ... leihen?	Czy mogę u pana/pani wypożyczyć ...? [tschi moggän u pana/panji wiposchitschitsch]
Die Eingangstür wird um 24 Uhr abgeschlossen.	Drzwi wejściowe zamyka się o północy. [dschwi wäjschtschowwä samika schän opuwnottsi]

Bettwäsche	pościel [poschtschäl]
Internet	internet [intärnät]
Jugendherberge	schronisko młodzieżowe [ßchronjisko muoddsiäschowwä]
Jugendherbergsausweis/ Mitgliedskarte	legitymacja schroniska młodzieżowego [lägitimazja ßchronjiska muoddsiäschowwägo]
Küche	kuchnia [kuchnja]
Schlafsaal	sypialnia [sipjalnja]
Waschraum	umywalnia [umiwalnja]

> WAS UNTERNEHMEN WIR?

Ob authentischer Kochkurs, aufregender Trekkingausflug oder großer Theaterabend: Lassen Sie sich von den nächsten Seiten helfen, jede Menge Urlaubsabenteuer zu erleben.

AUSKUNFT

Ich möchte einen Stadtplan von ... haben.	Proszę o plan miasta … [proschän o plan mjasta]
Welche Sehenswürdigkeiten gibt es hier?	Co warto tu obejrzeć? [zo warto tu obbäjschätsch]
Gibt es Stadtrundfahrten?	Czy są wycieczki/przejażdżki (autokarem) po mieście? [tschi son witschätschki/pschäjaschtschki (autockaräm) po mäschtschä]
Was kostet die Rundfahrt?	Ile kosztuje wycieczka/przejażdżka po mieście? [ilä koschtujä witschätschka/pschäjaschtschka po mäschtschä]

VOLLES PROGRAMM

SEHENSWÜRDIGKEITEN/MUSEEN

Wann ist das Museum geöffnet? Kiedy otwarte jest muzeum? [kädi ottfartä jäst musäum]

Wann beginnt die Führung? Kiedy zaczyna się oprowadzanie? [kädi satschina schän opprowwadsianjä]

Gibt es auch eine Führung auf Deutsch/Englisch? Czy jest też oprowadzanie w języku niemieckim/angielskim? [tschi jäst täsch opprowwadsanjä wjänsicku njämjäzkim/angälskim]

Ist das ...? Czy to ...? [tschi to]

Altar	ołtarz [outasch]
Altstadt	stare miasto [starä masto]
Architektur	architektura [architäktura]
Audioguide	**audioprzewodnik** [audjopschäwodnik]
Ausgrabungen	wykopaliska [wikoppaliska]
Ausstellung	wystawa [wistawa]
Besichtigung	zwiedzanie [swädsianjä]
Bild	obraz [obbras]
Bildhauer	rzeźbiarz [schäsibjasch]
Burg	zamek [samäk]
Denkmal	zabytek [sabitäk]
Dom (Kirche)	katedra [katädra]
Festung	twierdza [tfiärdsia]
Fremdenführer	przewodnik [pschäwoddnjik]
Friedhof	cmentarz [zmäntasch]
Führung	oprowadzanie [opprowwadsianjä]
Galerie	galeria [galärja]
Gebäude	budynek [budinäk]
Gemälde	obraz [obbras]
Gottesdienst	nabożeństwo [naboschänjstfo]
Kaiser/in	cesarz/owa [zässasch/zässaschowwa]
Kapelle	kaplica [kapliza]
Kathedrale	katedra [katädra]
Kirche	kościół [koschtschuw]
König/in	król/owa [krul/owwa]
Malerei	malarstwo [malarstfo]
Maler/in	mala-rz/rka [mala-sch/rka]
Museum	muzeum [musäum]
Plastik	rzeźba [schäsiba]
Platz	plac [plaz]
Rathaus	ratusz [ratusch]
Religion	religia [räligja]
restaurieren	restaurować [rästaurowwatsch]
Ruine	ruina [ruina]
Schloss	zamek [samäk]
Sehenswürdigkeiten	rzeczy warte zobaczenia [schätschi wartä sobbatschänja]
Stadtrundfahrt	wycieczka/przejażdżka (autokarem) po mieście [witschätschka/pschäjaschtschka (autockaräm) po mäschtschä]
Turm	wieża [wäscha]

AUSFLÜGE

Wann treffen wir uns?	Kiedy się spotkamy? [kädi schän spotkami]
Wo fahren wir los?	Dokąd jedziemy? [dokonnt jädsiämi]
Besichtigen wir auch ...?	Czy zwiedzimy też …? [tschi swädsimi täsch]
Wann fahren wir zurück?	Kiedy jedziemy z powrotem? [kädi jädsiämi spowrottäm]

Ausflug	wycieczka [witschätschka]
Aussichtspunkt	miejsce widokowe [mäjszä widockowwä]
Berg	góra [gura]
Botanischer Garten	ogród botaniczny [oggrut botanjitschni]
Fischereihafen	port rybacki [port ribazki]
Fluss	rzeka [schäka]
Freilichtmuseum	skansen [skansän]
Gebirge	góry pl [guri]
Geländewagen	samochód terenowy [samochut tetänowwi]
Gipfel	szczyt [schtschit]
Grotte	grota [grota]
Landesinnere	wnętrze kraju [wnäntschä kraju]
Landschaft	pejzaż [päjsasch]
Markt	rynek [rinäk]
Markthalle	hala targowa [chala targowwa]
Museumsdorf	skansen [skansän]
Nationalpark	park narodowy [park narodowwi]
Naturschutzgebiet	rezerwat przyrody [räsärwat pschiroddi]
Quelle	źródło [schruduo]
Pass	wąwóz [wonwus], przełęcz f [pschäuäntsch]
Plantagen	plantacje [plantazjä]
Rundfahrt	wycieczka [witschätschka]
Schlucht	wąwóz [wonwus]
See	(der ~) jezioro [jäsiorro]; (die ~) morze [moschä]
Tagesausflug	wycieczka jednodniowa [witschätschka jädnoddnjowwa]
Tal	dolina [dolina]
Tropfsteinhöhle	grota wapienna [grota wapänna]
Umgebung	okolica [okoliza]
Wald	las [las]
Wallfahrtsort	miejsce pielgrzymkowe [mjäszä pälgschimkowwä]
Wasserfall	wodospad [woddosspat]
Wildpark	zwierzyniec [swäschinjiäz]
Zoo	ogród zoologiczny [oggrut soologgitschni], zoo [soo]

AM ABEND

CLUB | KLUB [klub]

Was ist ... los?	Co dzieje się … [zo dsiäjä schän]
dieses Wochenende	w ten weekend? [ftän weekend]
heute Abend	dzisiaj wieczorem? [dsischaj wätschorräm]
Was kann man hier abends unternehmen?	Jak można tu spędzić wieczór? [jak moschna tu spändsitsch wätschur]
Gibt es hier eine gemütliche Kneipe?	Czy jest tu jakaś miła knajpa? [tschi jäst tu jakasch miua knajpa]
Wo kann man hier tanzen gehen?	Gdzie tu można iść potańczyć? [gdsiä tu moschna ischtsch pottanjtschitsch]
Welche Musikrichtung wird hier gespielt?	Jaki rodzaj muzyki tutaj grają? [jaki rodsaj musiki tutaj grajon]
Ist Abendgarderobe erwünscht?	Czy obowiązuje strój wieczorowy? [tschi obbowwonsujä struj wätschorrowwi]
Im Eintrittspreis ist ein Getränk enthalten.	W cenie jest wstęp i pierwszy napój. [fzänjä jäst fstämp i pärfschi napuj]
Ein Bier, bitte.	Piwo, proszę. [piwo, proschän]
Das Gleiche noch einmal.	Jeszcze raz to samo. [jäschtschä ras to samo]
Diese Runde übernehme ich.	Stawiam tę kolejkę. [stawjam tän kolläjkän]
Wollen wir (noch einmal) tanzen?	Czy moglibyśmy (jeszcze raz) zatańczyć? [tschi mogglibischmi (jäschtschä ras) satanjtschitsch]

ausgehen	wychodzić/wyjść [wichoddsitsch/wijschtsch]
Band	band [bant], kapela [kapäla]
Bar	bar [bar]
Club/Diskothek	klub/dyskoteka [klub/diskottäka]
DJ	DJ [ditschäj]
Folklore	folklor [follklorr]
Folkloreabend	wieczór folklorystyczny [wätschur follklorristitschni]
Folkloremusik	muzyka ludowa [musika ludowwa]
Kneipe	knajpa [knajpa]
Livemusik	live-music [lajfmjusik] muzyka na żywo [musika na schiwo]
Nachtclub	klub nocny [klup nottsni]
Party	party [parti]
Schwulen-/Lesbenszene	środowiska LGBT [sroddowwiska LGBT]
Show	show n [schou]
Spielcasino	kasyno gry [kassino gri]
tanzen	zatańczyć [satanjtschitsch]

VOLLES PROGRAMM

THEATER/KONZERT/KINO | TEATR/KONCERT/KINO [täatr/konnzärt/kino]

Haben Sie einen Veranstaltungskalender für diese Woche?	Czy mają państwo kalendarz imprez na ten tydzień? [tschi majon panjstfo kaländasch impräs na tän tidsiänj]
Welches Stück wird heute Abend im Theater gespielt?	Jaka sztuka będzie grana dziś wieczorem w teatrze? [jaka schtuka bändsiä grana dsisch wätschorräm ftäatschä]
Können Sie mir ... empfehlen?	Czy może mi pan/pani polecić … [tschi moschä mi pan/panji pollätschitsch]
ein gutes Theaterstück	jakąś dobrą sztukę? [jakonsch dobbron schtukän]
einen guten Film	jakiś dobry film? [jakisch dobbri film]
Wann beginnt die Vorstellung?	Kiedy zaczyna się przedstawienie/(Kino) seans? [kädi satschina schän pschätstawiänjä/säans]
Wo bekommt man Karten?	Gdzie można kupić bilety? [gdsiä moschna kupitsch biläti]
Bitte zwei Karten für heute Abend.	Proszę dwa bilety na dzisiejszy wieczór. [proschän dwa biläti na dsischäjschi wätschur]
Bitte zwei Plätze zu ...	Proszę dwa bilety na … [proschän dwa biläti na]
Kann ich bitte ein Programm haben?	Czy mogę prosić o program? [tschi moggän proschitsch o proggram]
Wo ist die Garderobe?	Gdzie jest szatnia? [gdsiä jäst schatnja]
Ballett	balet [balät]
Eintrittskarte	bilet wstępu [bilät fstämpu]
Festival	festiwal [fästiwal]
Film	film [film]

WIE DIE EINHEIMISCHEN

Insider Tipps

Dansing oder Disco

Wer Lust auf Tanzen hat, verbringt den Abend in der Disco (*dysko* [disko]), die es auch im abgelegensten Dorf gibt. Oft enden hier die Abende in einer zünftigen Schlägerei, denn der Wodka fließt in Strömen.

Theater oder Kino?

Polen lieben die leichte Muse wie die *operetka*. Es gibt auch hervorragende, international anerkannte Theaterbühnen, die leider in den Ferienmonaten Sommerpause haben. Man kann als Tourist aber problemlos ins Kino gehen, denn ausländische Filme laufen häufig im Original mit Untertiteln.

Kasse	kasa [kassa]
Kino	kino [kino]
Konzert	koncert [konnzärt]
Musical	musical [mjusikal]
Oper	opera [oppära]
Premiere	premiera [prämära]
Programm	program [proggram]
Prozession/Umzug	procesja/pochód [prozässja/pochut]
Schauspiel	dramat [dramat]
Theater	teatr [täatr]
Veranstaltungskalender	kalendarz imprez [kaländasch impräs]
Vorstellung	przedstawienie [pschätstawänjä]
Vorverkauf	przedsprzedaż f [pschätspschädasch]

FESTE/VERANSTALTUNGEN
ŚWIĘTA/UROCZYSTOŚCI [schwänta/urotschistoschtschi]

Könnten Sie mir bitte sagen, wann das ...-Festival stattfindet?	Czy może mi pan/pani powiedzieć, kiedy odbywa się festiwal …? [tschi moschä mi pan/panji powwädsiätsch kädi oddbiwwa schän fästiwal]
vom ... bis ...	od … do … [ott ... do ...]
jedes Jahr im August	co roku w sierpniu [zo roku fschärpnju]
alle 2 Jahre	co dwa lata [zo dwa lata]
Kann jeder teilnehmen?	Czy każdy może wziąć udział? [tschi kaschdi moschä wsionjtsch udsiau]

Festival	festiwal [fästiwal]
Feuerwerk	fajerwerki [fajärwärki], sztuczne ognie [schtutschnä ognjä]
Flohmarkt	pchli targ [pchli targ]
Grillfest	grillowanie [grillowanjä]
Jahrmarkt	jarmark [jarmark]
Karneval	karnawał [karnawau]
Kirmes	wesołe miasteczko [wäsouä mjastätschko]
Messe	targi [targi]
Prozession	procesja [prozäsja]
Umzug	pochód [pochut]
Zirkus	cyrk [zirk]

VOLLES PROGRAMM

STRAND UND SPORT

IM SCHWIMMBAD/AM STRAND
NA BASENIE/NA PLAŻY [na basänjä/na plaschi]

Ist die Strömung stark?	Czy prąd jest silny? [tschi pronnt jäst schilni]
Ist es für Kinder gefährlich?	Czy to niebezpieczne dla dzieci? [tschi to njäbäspätschnä dla dsiätschi]
Wann ist Ebbe/Flut?	Kiedy jest odpływ/przypływ? [kädi jäst ottpuif/pschipuif]
Bademeister/in	ratownik/ratowniczka [ratowwnjik/ratowwnjitschka]
Badestrand	plaża [plascha]
Dusche	prysznic [prischnjiz]
FKK-Strand	plaża dla nudystów [plascha dla nudistuf]
Kiosk	kiosk [kiosk]
Nichtschwimmer	nie umiejący/f nie umiejąca pływać [njä umäjonzi/njä umäjonza puiwatsch]
Qualle	meduza [mädusa]
Sand	piasek [pjassäk]
schwimmen	pływać [puiwatsch]
Schwimmer	pływak/pływaczka [puiwak/puiwatschka]
Sonnenschirm	parasol (od słońca) [parassoll (ott suonjza)]
Strömung	prądy [pronndi]
Umkleidekabinen	przebieralnie [pschäbäralnjä]
Windschirm	wiatrochron [watrochronn] osłona od wiatru [ossuonna odd watru]

WIE DIE EINHEIMISCHEN

Insider Tipp

Etwas für jeden Geschmack

Außerhalb der Sommerferienmonate hat man die feinsandigen, breiten Strände der Ostseeküste fast für sich allein. Alle Strände sind öffentlich, Kurtaxe wird nicht erhoben. Häufig ist es sehr windig, der Kauf einer Windschutzwand lohnt sich. FKK-Strände gibt es nicht, Sonnenbaden oben ohne ist aber kein Problem. Schöne Badestrände findet man auch an den masurischen Seen. Hier ist das Sportangebot riesig: Angeln, Paddeln, Kajakfahren, Segeln, Radfahren ... Reizvoll ist der Besuch von kleinen Fischereihäfen, wo man Fische frisch vom Kutter erstehen kann.

AKTIVURLAUB/SPORT
WYPOCZYNEK CZYNNY/SPORT [wipotschinäk tschinni/sporrt]

Welche Sportmöglichkeiten gibt es hier?	Jaki sport można tu uprawiać? [jaki sporrt moschna tu uprawatsch]
Gibt es hier ein ...	Czy jest tu … [tschi jäst tu]
Wo kann ich ... ausleihen?	Gdzie mogę wypożyczyć …? [gdsiä moggän wiposchitschitsch]
Kann ich mitspielen?	Czy mogę też zagrać? [tschi mogän täsch sagratsch]
Ich möchte einen ...kurs für Anfänger/Fortgeschrittene machen.	Chciałbym/chciałabym zrobić kurs … dla początkujących/dla zaawansowanych. [chtschaubim/chtschauabim srobitsch kurs ... dla potschonntkujonnzich/dla saawannsowanich]

Eintrittskarte	bilet wstępu [bilät fstämpu]
Ergebnis	wynik [winjik]
gewinnen	wygrywać/wygrać [wigriwatsch/wigratsch]
Kasse	kasa [kassa]
Kurs	kurs [kurs]
Mannschaft	drużyna [druschina]
Rennen	wyścig [wischtschik], wyścigi pl [wischtschigi]
Schiedsrichter	sędzia [sänjdsia], arbiter [arbitär]
Sieg	zwycięstwo [switschänstfo]
Spiel	mecz [mätsch]
unentschieden	remis [rämis]
verlieren	przegrywać/przegrać [pschägriwatsch/pschägratsch]
Wettkampf	zawody pl [sawoddi], mecz [mätsch]

WASSERSPORT SPORT WODNY [sporrt woddni]

Bootsführerschein	patent żeglarski [patänt schäglarski]
Bootsverleih	wypożyczalnia łodzi [wiposchitschalnja uoddsi]
Canyoning	kajakarstwo górskie [kajakarstwo gurskä]
Freibad	kąpielisko [kommpälisko], basen [bassän]
Hallenbad	kryty basen [kriti bassän]
Hausboot	barka mieszkalna [barka mjäschkalna]
Kanu	kajak [kajak]
Motorboot	motorówka [mottorrufka]
Regatta	regaty pl [rägati]
Rückholservice	serwis gwarantujący powrót [särwis gwarantujonnzi powrut]
Ruderboot	łódź f [uutsch]
rudern	wiosłować [wossuowwatsch]
Schlauchboot	ponton [ponntonn]
Segelboot	żaglówka [schaglufka]
segeln	żeglować [schäglowwatsch]

Segelschule	szkoła żeglarska [schkoua schäglarska]
Segeltörn	wyprawa żeglarska [wibrawa schäglarska]
Surfbrett	deska do surfowania [däska do särfowwanja]
surfen	surfować [särfowwatsch]
Surfschule	szkoła surfowania [schkoua särfowwanja]
Tretboot	rower wodny [rowwär woddni]
windsurfen	uprawiać windsurfing [uprawjatsch wintsärfing]

TAUCHEN NURKOWANIE [nurkowanjä]

Gerätetauchen	nurkowanie z akwalungiem [nurkowwanjä sakwalungiäm]
Harpune	harpun [charpun]
Neoprenanzug	kombinezon piankowy [kombinäson pjankowwi], fam pianka [pjanka]
Sauerstoffgerät	butla z tlenem [butla stlänäm]
Schnorchel	rurka do oddychania [rurka do oddichanja], fam fajka [fajka]
schnorcheln	nurkować z fajką [nurkowwatsch sfajkon]
Schwimmflossen	płetwy [puätfi]
tauchen	nurkować [nurkowwatsch]
Taucherausrüstung	sprzęt do nurkowania [spschännt do nurkowwanja]
Taucherbrille	okulary pl do nurkowania [okkulari do nurkowwanja]
Tauchschule	szkoła nurkowania [schkoua nurkowwanja]

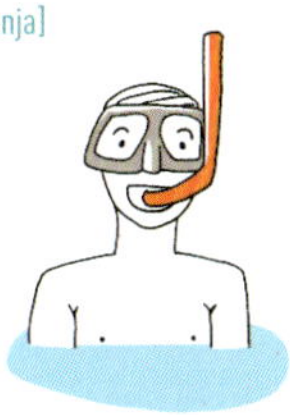

ANGELN WĘDKARSTWO [wäntkarstfo]

Wo kann man hier angeln?	Gdzie można tu wędkować? [gdsiä moschna tu wäntkowwatsch]
Angel	wędka [wäntka]
angeln	wędkować [wäntkowwatsch]
Angelschein	karta wędkarska [karta wäntkarska]
Köder	przynęta [pschinänta]
Schonzeiten	okres ochronny [okräs ochronni]

BALLSPIELE GRY W PIŁKĘ [gri fpiukän]

Ball	piłka [piuka]
Basketball	koszykówka [koschikufka]
Fußball	piłka nożna [piuka noschna]
Fußballmannschaft	drużyna piłki nożnej [druschina piuki noschnäj]
Fußballplatz	boisko do gry w piłkę nożną [boisko do gri fpiukän noschnon]
Fußballspiel	mecz piłki nożnej [mätsch piuki noschnäj]
Handball	piłka ręczna [piuka räntschna]
Netz	siatka [schatka]
Spiel	mecz [mätsch]
Tor	bramka [bramka]

Torwart bramkarz [bramkasch]
Volleyball siatkówka [schatkufka]

TENNIS UND ÄHNLICHES TENIS I PODOBNE GRY [tänjis i poddobbnä gri]

Badminton badminton [bädminton], kometka [komätka]
Doppel gra podwójna [gra poddwujna]
Einzel gra pojedyncza [gra pojjädintscha]
Schläger rakietka [rakätka]
Squash squash [skwosch]
Tennis tenis [tänjis]
Tennishalle hala tenisowa [chala tänjisowwa]
Tennisplatz kort tenisowy [kor tänjisowwi]
Tischtennis tenis stołowy [tänjis stouowwi]

FITNESS- UND KRAFTTRAINING SIŁOWNIA I TRENING SIŁOWY [schuownja i träning schuowwi]

Aerobic aerobik [aärobbik]
Fitnesscenter siłownia [schuownja], klub kulturystyczny [klub kulturistitschni]
joggen uprawiać jogging [uprawatsch tschogging], biegać [bägatsch]
Krafttraining trening siłowy [träning schuowwi]
Konditionstraining trening kondycyjny [träning kondizijnni]
Yoga/Pilates joga/pilates [ioga/pilatäs]

WELLNESS SPA [spa]

Akupressur akupresura [akuprässura]
Aromatherapie aromaterapia [aromatärapja]
Bäder łaźnie [uoaschnjä]
Beautybehandlung zabieg kosmetyczny [sabbiäg kosmätitschnni]
Dampfbad łaźnia parowa [uaschnja parowa]
Diätkost dania dietetyczne [danja dätätitschnä]
Hamam łaźnia turecka, hammam [uoaschnja turätzka, hamam]
Maniküre/Pediküre manikiur/pedikiur [manikjurr/pedikjurr]
Massage masaż [masasch]
Peeling peeling [piling]
Sauna sauna [sauna]
Solarium solarium n [solarium]
Whirlpool hydromasaż [hidromasasch]

RADFAHREN JAZDA ROWEREM [jasda rowwäräm]

E-Bike rower elektryczny [rowwär äläktritschni]
Fahrrad rower [rowwär]
Fahrradhelm kask [kask]
Fahrradweg ścieżka rowerowa [schtschäschka rowärowwa]
Flickzeug łatki pl do opon [uatki do opon]

VOLLES PROGRAMM

Luftpumpe	pompka [pompka]
Mountainbike	rower górski [rowwär gurski]
Rad fahren	jeździć na rowerze [jäsidsitsch na rowwäschä]
Radrennen	wyścig kolarski [wischtschik kollarski]
Radtour	wycieczka rowerowa [witschätschka rowwärowwa]
Rennrad	rower wyścigowy [rowwär wischtschigowwi]
Schlauch	dętka [dänntka]

WANDERN UND BERGSTEIGEN WĘDRÓWKI I WSPINACZKA PO GÓRACH [wändrufki i fspinatschka po gurach]

Ich möchte eine Bergtour machen.	Chciałbym/chciałabym pójść na wycieczkę w góry. [chtschaubim/chtschauabim pujschtsch na witschätschkän wguri]
Können Sie mir eine interessante Route auf der Karte zeigen?	Czy może mi pan/pani pokazać na mapie jakiś interesujący szlak? [tschi moschä mi pan/panji pockasatsch na mapä jakisch intärässujonzi schlak]

Bergführer	przewodnik górski [pschäwoddnjik gurski]
Bergsteigen	wspinaczka wysokogórska [fspinatschka wisockoggurska]
Fernwanderweg	szlak dalekich wędrówek [schlak daläkich wändruwäk]
Route	trasa [trassa], szlak [schlak]
Schutzhütte	schronisko [ßchronisko]
Seilbahn	kolejka linowa [kolläjka linowwa]
Sicherungsseil	lina zabezpieczająca [lina sabäspätschajonnza]
Tagestour	wycieczka jednodniowa [witschätschka jädnodnjowwa]
Wanderkarte	mapa turystyczna [mapa turistitschna]
Wandern	wędrować [wändrowwatsch]
Wanderweg	szlak turystyczny [schlak turistitschni]

REITEN JAZDA KONNA [jasda konna]

Ausritt	przejażdżka konna [pschäjaschdschka konna]
Pferd	koń [konj]
reiten	jeździć konno [jäsidsitsch konnno]

WIE DIE EINHEIMISCHEN

Insider Tipp

Reiterparadies

In Polen ist die Pferdezucht weit verbreitet und in allen touristischen Regionen gibt es für Reiter zahlreiche Möglichkeiten, die meist günstiger als in Deutschland sind. Bekannt sind auch Pferde-Therapiezentren für behinderte Kinder.

Reiterferien	wakacje w siodle [wakazjä fschodlä]
Reitschule	szkółka jeździecka [schkuuka jäsidsiäzka]
Reitsport	jeździectwo [jäsidsiäztfo]

GOLF GOLF [gollf]

18-Loch-Platz	pole 18 dołkowe [pole oschämnasto doukowwä]
abschlagen	wybijać [wibijatsch]
Golf	golf [golf]
Golfschläger	kij golfowy [kij gollfowwi]
Greenfee	greenfee [grinfi], opłata za grę [opuata sa grän]
Parcours	parcours [parkur], pole golfowe [polä golfowwä]

IN DER LUFT W POWIETRZU [fpowwätschu]

Drachenfliegen	latanie lotnią [latanjä lotnion]
Fallschirmspringen	skoki spadochronowe [skocki spadochronnowwä]
Gleitschirm	paralotnia [paralotnja]
Heißluftballon	balon na gorące powietrze [balon na goronnzä powwätschä]
Paragliding	paralotniarstwo [paralotnjarstwo]
Schleppschirm (am Strand)	parasailing [parasäjling]
Segelfliegen	latanie szybowcem [latanjä schiboffzäm]

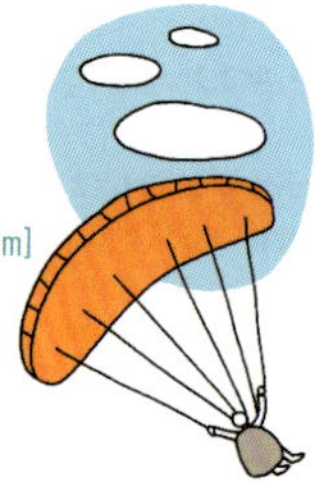

WINTERURLAUB URLOP ZIMOWY [urlop simowwi]

Eine Tageskarte, bitte.	Poproszę karnet na cały dzień. [poproschän karnät na zaui dsiänj]
Um wie viel Uhr ist die letzte Bergfahrt/Talfahrt?	O której godzinie jest ostatni wjazd (na górę)/zjazd (na dół)? [o kturäj goddsinjä jäst ostatni wjast (na gurän)/sjast (na duu)]

Bergstation	stacja górna [stazja gurna]
Eisbahn	tor lodowy [torr loddowwi]
Eishockey	hokej na lodzie [hockäj na loddsiä]
Eislauf	jazda na łyżwach [jasda na uischwach]
Gondel	wagonik kolejki linowej [wagonnik koläjki linowwäj]
Langlauf	bieg na nartach [bäk na nartach]
Lift	wyciąg [witschonk]
Loipe	trasa biegu [trassa bägu]
Schlepplift	wyciąg narciarski [witschong nartscharski]
Schlitten	sanki **pl** [sanki]
Sessellift	wyciąg krzesełkowy [witschonk kschässäukowwi]
Schlittenfahren	jazda na sankach [jasda na sankach]
Schlittschuhe	łyżwy [uischwi]
Ski	narty **pl** [narti]

VOLLES PROGRAMM

Skilaufen	jeżdżenie na nartach [jäschdschänjä na nartach]
Skibindung	wiązania pl narciarskie [wjonsanja nartscharskä]
Skibrille	gogle pl [goglä]
Skikurs	kurs narciarski [kurs nartscharski]
Skilehrer/in	instruktor/ka narciarstwa [instruktor/ka nartscharstwa]
Skistöcke	kijki do nart [kiki do nart]
Snowboard	snowboard [snaubort]
Schnee	śnieg [schnjäg]
Tagespass	karnet jednodniowy [karnät jädnodnjowwi]
Talstation	stacja dolna [stazja dolna]
Wochenpass	karnet tygodniowy [karnät tigodnjowwi]

KURSE

Ich möchte ... belegen.	Chciałbym/chciałabym zrobić … [chtschaubim/chtschauabim srobitsch]
einen Töpferkurs	kurs garncarstwa [kurs garnzarstwa]
einen Polnischkurs	kurs polskiego [kurs polskägo]
für Anfänger	dla początkujących. [dla potschonntkujonnzich]
für Fortgeschrittene	dla zaawansowanych. [dla saawannsowanich]
Sind Vorkenntnisse erforderlich?	Czy wymagana jest podstawowa wiedza? [tschi wimagana jäst potstawowwa wädsa]
Bis wann muss man sich anmelden?	Do kiedy należy się zgłosić? [do kädi naläschi schän zguoschitsch]
Sind die Materialkosten inklusive?	Czy materiały do nauki wliczone są w cenę? [tschi matäriaui do nauki wlitschonnä son fzänän]
Was ist mitzubringen?	Co powinienem/powinnam przynieść ze sobą? [zo powinjänäm/powinnam pschinjäschtsch säsobon]

(Akt-)Zeichnen	rysowanie aktów [risowanjä aktuf]
(Aquarell-)Malen	malowanie akwarelami [malowanjä akwarälami]
Fotografieren	fotografowanie [fotografowanjä]
Goldschmieden	złotnictwo [suotniztfo]
Holzwerkstatt	stolarnia [stolarnja]
Kochen	gotowanie [gotowanjä]
Kurs	kurs [kurs]
Ölmalerei	malarstwo olejne [malarstfo oläjnä]
Tanzen	zatańczyć [satanjtschitsch]
Trommeln	gra na bębnie [gra na bänbnjä]
Workshop	warsztaty pl [warschtatti]

sehr teuer

(wörtl. viel Heu)

dużo siana [duscho schana]

> MEHR ALS NUR SPRACHE

Wenn das Wörterbuch schlappmacht und Sie nur noch Bahnhof verstehen, dann handelt es sich um einen klaren Fall von: Achtung! Slang

WERDEN SIE ZUM INSIDER

Wer kennt sie nicht, diese Situation: Sie haben in einem fremdsprachigen Land Kontakt gefunden und lauschen angeregt den Gesprächen Ihrer neuen Freunde – und da sind sie, diese mysteriösen Worte, die bei Ihnen nur ein großes Fragezeichen hinterlassen. Denn es gibt jene Vokabeln und Wendungen, die im Wörterbuch stehen, und dann gibt es jene, die auf der Straße gesprochen werden. Aber keine Panik, auf den nächsten Seiten sind Sie mittendrin in der Sprache der Insider, wie sie im Café, in den Clubs und Bars, Shops, Hotels und Hostels, beim Smalltalk in Bus und Bahn und auf den lebendigen Plätzen der Dörfer, Städte und Metropolen gesprochen wird. Und damit auch Sie zum Insider wer-

> S. 103

ACHTUNG! SLANG

den, haben wir sie für Sie aufgespürt: die authentischen, die wichtigsten und witzigsten Slangausdrücke. Dabei gibt es jedoch Formulierungen, die Sie besser meiden sollten, denn: Manchmal ist Schweigen wirklich Gold. Auch zu beachten: Oft ist Umgangssprache lokal geprägt und die Aussprache kann von Region zu Region variieren. Aber mit ein wenig Geduld kann man sich auch in diese verschiedenen Dialekte einhören.

Wir wünschen Ihnen viel Spaß beim Lesen und beim Erweitern Ihres Wortschatzes!

ALLTAG

blah

BEGRÜSSEN

Witaj!/Serwus! [witaj/serwus]	Grüß dich!
Dobry! [dobbri]	Tag!
Hej!/Hejka! [häj/häjka]	Hallo!/Hey!
Sie masz!/Siema!/Jak leci? [schämasch/schäma/jak lätschi]	Wie geht's/läuft's?
Kopę lat! [kopän lat]	Lange nicht gesehen!

VERABSCHIEDEN

Na razie!/Nara!/Narka! [na rasiä/nara/narka]	Bis später!
Dozo! [doso]	Bis dann!
Trzymaj się! [tschimaj schän]	Mach's gut!

ANTWORTEN ...

no [no]	ja
no jasne [no jassnä]	klar
oki [ocki]	o.k.
W porzo!/W porząsiu! [fposcho/fposchonjschu]	In Ordnung!
Na mur-beton!/Na bank! [na mur-betonn/na bank]	100-prozentig!
Bez jaj/kitu. [bäs jaj/kitu]	Ohne Quatsch.
Na serio. [na ssärjo]	Ehrlich.
Dzięki. [dsiänki]	Danke.
Spoko!/Nie ma sprawy! [spokko/njä ma sprawi]	Geht klar!/Kein Problem!
Wisi mi to. [wischi mi to]	Mir egal.
Mam to gdzieś. [mam to gdsiäsch]	Das ist mir ziemlich egal.
Cholera wie! [chollera wjä]	Weiß der Geier!

*

Nie mam melodii. [njä mam mäloddji]	Ich hab keine Lust/keinen Bock.
Nie ma co!/Nie ma głupich! [njämazo/njäma guupich]	Auf keinen Fall!

... UND AUFFORDERUNGEN

Zagęszczaj ruchy! [sagänschtschaj ruchi]	Beeil dich!
Rusz tyłkiem! [rusch tiukiäm]	Beweg deinen Hintern!
Przyhamuj!/Wrzuć wolniejszy bieg! [pschichamuj/wschutsch wollniäjschi bjäg]	Immer mit der Ruhe!
Daj na luz! [daj na lus]	Ruhig Blut!

UNTER FREUNDEN ...

dryndnąć [drindnontsch]	durchklingeln
puścić sms'a [puschtschitsch ässämässa]	jdm simsen
wpaść/wdepnąć do kogoś [fpaschtsch/fdäpnontsch do koggosch]	bei jdm vorbeischauen
gadać/paplać [gadatsch/paplatsch]	quatschen
gadka szmatka [gatka schmatka]	sinnloses Zeug reden
gadać o dupie marynie [gadatsch o dupjä marinjä]	Schwachsinn erzählen
banialuki [banjaluki]	Lügenmärchen
popełnić gafę [poppäunitsch gafän]	ins Fettnäpchen treten
zajść komuś za skórę [sajschtsch kommusch sa skurän]	sich mit jdm verkrachen

DAS GEFÄLLT ...

Dla jaj! [dla jaj]	Aus Spaß!
Dają czadu! [dajon tschadu]	Das geht ab!/Das rockt!
Bajer!/Fajowo!/Gites! [bajär/fajowwo/gitäs]	Klasse!
Zajebiście! [sajäbischtschä]	Geil!
wyczesany/wyjechany [witschässani/wijächani]	super/toll
odlotowo/bombowo [oddlottowwo/bommbowwo]	fantastisch/bombig
debeściak/debeściarski [däbäschtschak/däbäschtscharsski]	der Beste/Größte!
full wypas [ful wipas]	was ganz Tolles
fajny klimat [fajni klimat]	gute Atmosphäre
czuć się jak pączek w maśle [tschutsch schän jak pontschäk fmaschlä]	sich super wohl (wörtl. wie ein Krapfen in der Butter) fühlen*
mieć farta/fuksa [mätsch farta/fukssa]	Glück (wörtl. Glückstreffer) haben
wpadać w zachwyt [fpadatsch fsachfit]	ins Schwärmen geraten
szaleć/nie posiadać się z radości [schalätsch/njä poschadatsch schän s radoschtschi]	aus dem Häuschen sein

... DAS LANGWEILT ...

nudne jak flaki z olejem [nudne jak flaki solläjäm]	nichts Besonderes
Nudzę się jak mops. [nudsän schän jak mopps]	Ich langweile mich total.
umierać z nudów [umäratsch snuduf]	sich zu Tode langweilen

... UND DAS NERVT

kiepski/cienki [kjäpski/tschänki]	uncool
To wkurza! [to fkuscha]	Das nervt!
brednie/farmazony [brädnjä/farmasonni]	Quatsch
bzdety/stek bzdur [bsdäti/stäk bsdur]	Schwachsinn, absoluter Müll
działać komuś na nerwy [dsiauatsch kommusch na nerwi]	jdm auf den Geist gehen
być humorzastym [bitsch humoschasstim]	launisch sein
wkurzać kogoś [fkuschatsch koggosch]	jdn verärgern/wütend machen

SCHLECHT DRAUF?

wypluty/wypompowany/padnięty [wiplutti/wipommpowwani/padnjänti]	fix und fertig/alle/ ausgelaugt sein
uciąć komara [utschontsch kommara]	sich aufs Ohr hauen (wörtl. Mücke abschneiden)
kimnąć się/strzelić drzemkę [kimnontsch schän/stschälitsch dschämkän]	ein Nickerchen halten
nerwówka [närwufka]	stressige Atmosphäre
pienić się [pjänitsch schän]	sich aufregen (wörtl. schäumen)
wyjść z siebie [wijschtsch s schäbä]	außer sich sein
wpaść w szał [wpaschtsch fschau]	ausrasten/einen Anfall kriegen
wybuchać ze złości [wibuchatsch sä suoschtschi]	vor Wut explodieren
dostać białej gorączki [dosstatsch biauäj gorronntschki]	in die Luft/an die Decke gehen
peniać/cykać się [pänjatsch/zikatsch schän]	Angst haben
narobić ze strachu w gacie [narobbitsch sä strachu fgatschä]	sich vor Angst in die Hosen machen
Jestem w kanale./Mam doła. [jästäm fkanalä/mam doua]	Ich bin am Boden zerstört.

ACHTUNG! SLANG

ESSEN

żarcie/żarło [schartschä/scharuo]	Essen/Fraß
coś na ząb [zosch na sommp]	etwas zum Essen
pychota [pichotta]	Leckerbissen
czaj [tschaj]	Tee (normalerw. Schwarztee)
Zjadłbym konia z kopytami. [sjadubim konja s kopitami]	Ich habe einen Bärenhunger (wörtl. könnte ein Pferd mit Hufen essen).*
Jestem głodny jak wilk. [jästäm guoddni jak wilk]	Ich bin hungrig wie ein Wolf.
wrzucić coś na ruszt [wschutschitsch zosch na ruscht]	etwas verdrücken
wtranżalać/pędzlować [ftranschalatsch/pändslowwatsch]	schnell und viel essen
zjeść coś na chybcika/w biegu [sjäschtsch zosch na hiptschika/f bjägu]	etwas hinunterschlingen
napychać się jedzeniem [napichatsch schän jädsiänjäm]	sich mit etwas vollstopfen

AUSGEHEN

DRINKS

browar/browiec [browwar/browwiäz]	Bier
zupa chmielowa [supa chmjälowwa]	Bier (wörtl. Hopfensuppe)
pokal/kufel [pokkal/kuffäl]	Bierglas/-krug
piwo z wkładką/dopalaczem [piwo sfkuatkon/doppalatschäm]	Bier mit versunkenem Gläschen Wodka
jeden/kielonek [jädän/kjälonnäk]	ein Kurzer
gorzała/wóda/wódzia [goschaua/wuda/wudsia]	Wodka
tatanka/szarlotka [tatanka/scharlottka]	Żubrówka (Bisonwodka) mit Apfelsaft und Eis
łyskacz [uisskatsch]	Whisky
jabol/sikacz/bełt [jaboll/schikatsch/bäut]	Fusel
monopol [monnoppol]	Spirituosengeschäft

IN DER BAR/KNEIPE

knajpka [knajpka]	Kneipe
chodzić od baru do baru [piwo sfkuatkon/doppalatschäm]	durch die Kneipen ziehen
drinkować/golnąć sobie/chlapnąć sobie [drinkowwatsch/gollnontsch sobbä/chlappnontsch sobbä]	Alkohol trinken

obalić butelkę [obbalitsch butälkän]	eine Flasche austrinken
wypić do dna [wipitsch do dna]	in einem Zug austrinken
No to do dna! [No-to-do dna]	Runter damit!
Obstawiam barek./Stawiam tę kolejkę. [oppstawjam baräk/stawjam tän kolläjkän]	Die Runde geht auf mich.
impreza/biba/balanga [impräsa/biba/balanga]	Party
imprezować/balować/hulać [impräsowwatsch/balowwatsch/chulatsch]	feiern
bramkarz/ochroniarz [bramkasch/ochronniasch]	Türsteher
wypindrzona/wypicowana [wipindschonna/wipizowwana]	aufgedonnert (bei einer Frau)
odstawiony/odwalony [ottstawjonni/oddwalonni]	aufgedonnert (bei einem Mann)
wystroić się jak stróż w Boże Ciało [wistrojitsch schän jak strusch fboschä tschiauo]	aufgetakelt sein
zarwana noc [sarwana notts]	durchgemachte Nacht

SPÄTER ...

być podchmielonym [bitsch pottchmälonnim]	einen Kleinen sitzen haben
pijany jak bela [pijani jak bäla]	sturzbetrunken
mieć bombę/lufę/fazę/śrubę [mätsch bommbän/lufän/fasän/schrubän]	sternhagelvoll
chodzić zygzakiem/zataczać się [choddsitsch sigsakjäm/satatschatsch schän]	taumeln/torkeln
mieć kaca [mätsch kaza]	einen Kater haben
klin na kaca [klin na kaza]	ein Schluck gegen den Kater

RAUCHEN

fajki/fajury/szlugi/pety [fajki/fajuri/schlugi/päti]	Zigaretten/Kippen/Fluppen
popiołka [poppjouka]	Aschenbecher
strzelić sobie w płuca/jarać/fajczyć [stschälitsch sobbä fpuuza/jaratsch/fajtschitsch]	rauchen

ACHTUNG! SLANG

mach/stach [mach/stach]	ein Zug
Daj macha! [daj macha]	Lass mal ziehen!
kopcić jak lokomotywa/palić jak smok [kopptschitsch jak lokkommottiwa/palitsch jak smokk]	qualmen wie ein Schlot (wörtl. qualmen wie eine Lokomotive/rauchen wie ein Drache)

MANN UND FRAU

LEUTE

facet/gostek/koleś [fazät/gosstäk/kolläsch]	Typ/Kerl
laska/lasencja/babka [lasska/lassänzja/bapka]	Mädel
damulka/słodka idiotka [damulka/suottka idijottka]	Tussi
twardziel/dresiarz/maczo [tfardsiäl/dräschasch/matscho]	Macho

FLIRTEN UND MEHR

lecieć na kogoś [lätschätsch na koggosch]	jdn attraktiv finden
zagadać/wyhaczyć kogoś [sagadatsch koggosch/wihatschitsch]	jdn anquatschen/anmachen
zabujać się [sabujatsch schän]	sich verlieben
być zabujanym po uszy [bitsch sabujanim po uschi]	bis über beide Ohren verliebt sein
czuć do kogoś miętę [tschutsch do koggosch mjäntän]	Schmetterlinge im Bauch haben (wörtl. Minze für jdn empfinden)
lizać się/migdalić się [lisatsch schän/migdalitsch schän]	knutschen
wyrwać kogoś [wirwatsch koggosch]	jdn abschleppen
chodzić z kimś [choddsitsch skimsch]	mit jdm gehen/ zusammen sein
zrobić numerek [srobbitsch numärek]	eine Nummer schieben (wörtl. ein Nümmerchen machen)
bzykać się/pieprzyć się [vulgär] [bsikatsch schän/pjäpschitsch schän]	vögeln
dać komuś kosza [datsch kommusch koscha]	jdm einen Korb geben
zostawić kogoś na lodzie [sosstawitsch koggosch na lodsiä]	jdn versetzen (wörtl. auf dem Eis stehen lassen)
wystawić kogoś do wiatru [wisstawitsch koggosch do wjatru]	jdn hängen lassen (wörtl. in den Wind stellen)*
zerwać z kimś/puścić kogoś kantem [särwatsch skimsch/puschtschitsch koggosch kantäm]	mit jdm Schluss machen

Czego oczy nie widzą, tego sercu nie żal. [tschägo ottschi njä widsion, tägo serzu njä schal]	Aus den Augen, aus dem Sinn.
Na nim/niej świat się nie kończy. [na nijm/njäj schfiat schän njä konjtschi]	Mit ihm/ihr geht die Welt nicht unter.
hajtać się [chajtatsch schän]	heiraten
być pantoflarzem/pod pantoflem [bitsch pantofflaschäm/pott pantoffläm]	ein Pantoffelheld sein/unterm Pantoffel stehen

SCHIMPFEN, LÄSTERN, FLUCHEN

STANDARDS

O Boże! [o boschä]	Oh Gott!
Rany boskie!/Do jasnej ciasnej! [rani bosskä/do jassnäj tschassnäj]	Meine Güte!/Großer Gott!
Kurde!/Cholera! [kurdä/chollera/do jassnej cholleri]	Verdammt (nochmal)!
Przymknij się!/Zamknij gębę! [pschimknij schän/samknij gämbän]	Halt die Klappe!
Zmywaj się!/Spadaj! [smiwaj schän/spadaj]	Hau ab!
Odwal się! [ottwal schän]	Verzieh dich!
Pocałuj mnie gdzieś! [pottsauuj mnjä gdsiäsch]	Du kannst mich mal!
robić kogoś w konia [robbitsch koggosch fkonnja]	jdn auf den Arm nehmen
robić sobie z kogoś jaja [robbitsch sobä skoggosch jaja]	jdn veräppeln (wörtl. vereiern)
lecieć sobie w kulki [lätschätsch sobbä fkulki]	jdn ignorieren/missachten
wyrolować kogoś [wirollowwatsch koggosch]	jdn ausbooten/betrügen

SPINNER UND TROTTEL

pomyleniec [pommilenjäz]	Spinner
kujon/dziobak/kowal [kujonn/dsiobbak/kowwal]	Streber
Co za głupek/pierdoła/cymbał! [zo sa guupäk/piärdoua/zimbau!]	Was für ein Trottel!
Co za idiota! [Zo-sa idjotta]	Was für ein Depp!
głupi jak but z lewej nogi [guupi jak but släwäj noggi]	saudumm (wörtl. wie ein linker Schuh)*
głupszy niż ustawa przewiduje [guupschi nisch ustawa pschäwidujä]	strohdoof (wörtl. dümmer, als es das Gesetz erlaubt)
robić z siebie wariata/idiotę [robbitsch s schäbä warjata/idjottän]	sich idiotisch anstellen

ACHTUNG! SLANG

czarna magia/czeski film [tscharna magja/tschäski film]	keine Ahnung (wörtl. schwarze Magie/ tschechischer Film)
nie mieć zielonego pojęcia [njä mätsch siälonnägo pojäntscha]	keinen blassen (wörtl. grünen) Schimmer haben
Brak mu piątej klepki. [brak mu pjonntäj kläpki]	Bei ihm ist eine Schraube locker. (wörtl. Ihm fehlt die fünfte Daube.)
On ma nie po kolei w głowie./Jest kopnięty. [onn ma njä pokkolleji fguowjä/jäst koppnjänti]	Er hat sie nicht alle.
Pomieszało mu się w głowie. [pommäschauo mu schän fguowjä]	Er hat nicht mehr alle Tassen im Schrank.
Odwaliło mu. [ottwaliuo mu]	Er ist übergeschnappt.
mieć jobla/fioła/kota/korbę [mätsch jobbla/fijoua/kotta/korbän]	einen Knall haben
mieć nierówno pod sufitem [mätsch njäruwno pott sufitäm]	einen totalen Dachschaden haben (wörtl. unter der (Zimmer-)Decke uneben sein)
świr/wariat/szaleniec [schwir/warjat/schalänjäz]	ein Verrückter
być walniętym/pomylonym [bitsch walniäntim/pommilonnim]	total verrückt sein

MEHR BELEIDIGUNGEN

wazeliniarz/lizus [wasälinjasch/lisuss]	Schleimer
szpaner/chwalipięta [schpanner/chfalipjänta]	Angeber
przemądrzalec [pschämonndschaläz]	Klugscheißer
mięczak/cienias [mjäntschak/tschänjas]	Weichei
chołota/prostak [chouota/prosstak]	Proll
rzucać mięsem/puścić wiązankę [schuzatsch mjänsäm/puschtschitsch wjonnsankän]	ordinär sein/fluchen
cham [cham]	Rüpel
zadymiarz [sadimiasch]	aggressiver Betrunkener
największy łajdak/największa świnia pod słońcem [najwänkschi uuajdak/najwänkscha schwinja pott suonjzäm]	der größte Mistkerl weit und breit

UNAPPETITLICHES

klop/kibel [klopp/kibäl]	Klo
babcia klozetowa [baptscha klossätowwa]	Klofrau
sikać/odpryskać się/odlać się [schikatsch/ottprisskatsch schän/oddlatsch schän]	pinkeln
stawiać klocka [stawiatsch klottska]	kacken
mieć sraczkę [mätsch sratschkän]	Dünnpfiff haben
puszczać bąki [puschtschatsch bonnki]	einen fahren lassen
bekać [bäkatsch]	rülpsen
haftować/puszczać pawia/hafta [haftowwatsch/puschtschatsch pawja/hafta]	sich übergeben

GELD

KOHLE

kasa/forsa/szmal/siano [kassa/forrssa/schmal/schano]	Kohle/Knete/Kies/Moos
dycha [dicha]	ein Zehner
stówa/stówka [stuwa/stufka]	ein Hunderter
tysiak/kawałek [tischak/kawauäk]	ein Riese (ein Tausender)
drobniaki [drobbnjaki]	Kleingeld
baks [bax]	Dollar
na krechę [nakrechän]	auf Kredit

HABEN ODER NICHT

góra kasy/forsy [gura kassi/forrssi]	fette Kohle
kupa pieniędzy/szmalu [kupa pänjändsi/schmalu]	ein Haufen Geld
śmierdzieć kasą [schmärdsiätsch kasson]	vor Geld stinken
pławić się w forsie [puawitsch schän fforrschä]	in Geld schwimmen
mieć forsy jak lodu [mätsch forrssi jak loddu]	Geld wie Heu (wörtl. wie Eis) haben
zarabiać ciężkie pieniądze [sarabjatsch tschänschkjä pänjondsiä]	ein Schweinegeld verdienen
zbić fortunę [sbitsch forrtunän]	ein Vermögen machen
zapłacić frycowe [sapuatschitsch frizowwä]	Lehrgeld bezahlen
być sknerowatym [bitsch sknärowwatim]	geizig/knauserig sein
sknera/żyła/dusigrosz [sknära/schiua/duschigrosch]	Geizhals/Geizkragen
cienko prząść [tschänko pschonschtsch]	knapp bei Kasse sein
być spłukanym [bitsch spuukanim]	pleite sein

KOSTEN ODER NICHT

bulić/zabulić [bulitsch/sabulitsch]	zahlen
Ile kosztuje taka przyjemność? [ilä koschtujä taka pschijämnoschtsch]	Was kostet der Spaß?
dużo siana [duscho schana]	sehr teuer (wörtl. viel Heu)
słono płacić [suonno puatschitsch]	zu viel zahlen (wörtl. salzig zahlen)*
To kosztuje majątek. [to koschtujä majontäk]	Das kostet ein Vermögen.
okazja [ockasja]	ein Schnäppchen
tanie jak barszcz [tanjä jak barschtsch]	spottbillig (wörtl. billig wie Borschtsch = Rote-Bete-Suppe)
za śmieszne pieniądze/za grosze [sa schmjäschnä pänjondsiä/sa groschä]	für 'nen Appel und 'n Ei (wörtl. lächerliches Geld/einen Groschen)
za półdarmo [sa puwdarmo]	fast für umsonst
za frajer/za friko [sa frajär/sa friko]	umsonst

AUSGEBEN UND EINNEHMEN

zwinąć/rąbnąć [swinontsch/rommbnontsch]	etwas abstauben
opchnąć/opylić [oppchnontsch/oppilitsch]	etwas verscherbeln/verticken
marnować/trwonić pieniądze [marnowwatsch/trfonnitsch pänjondsiä]	Geld verprassen/verschwenden
wyrzucać pieniądze w błoto [wischuzatsch pänjondsiä fbuotto]	Geld zum Fenster hinauswerfen (wörtl. in den Schlamm)
szastać pieniędzmi [schasstatsch pänjändsimi]	mit Geld um sich werfen
płacić jak za zboże [puatschitsch jak sa sboschä]	für etwas sehr viel Geld ausgeben
szarpnąć się [scharpnontsch schän]	etwas Teures/Exklusives kaufen

ARBEIT

super praca [superpraza]	Superjob
robota jak marzenie [robbotta jak maschänjä]	Traumjob

*

wyścig szczurów [wischtschik schtschuruf]	Tretmühle (wörtl. Rattenrennen)
Jestem zawalony pracą. [Jestem sawalonni prazon]	Ich versinke in Arbeit.
mieć pełne ręce roboty [mätsch päunä ränzä robbotti]	alle Hände voll zu tun haben
zaharować się na śmierć [sacharowwatsch schän na schmärtsch]	sich totarbeiten
orać/orka [orratsch/orrka]	ackern/Ackerei
obijać/opieprzać się w pracy [obbijatsch/oppäpschatsch schän fprazi]	sich aus Faulheit vor der Arbeit drücken
leser/-ka [lässär/-ka]	Faulpelz/Faulenzer/-in
na zwolnionych obrotach [na swollnjonnich obbrottach]	eine ruhige Kugel schieben
łatwizna/pestka [uuatfisna/pässtka]	Kinderspiel
partactwo/fuszera [partatstwo/fuschära]	Pfusch
nie wypalić [njä wipalitsch]	schiefgehen
zawalić coś [sawalitsch zosch]	etwas vermasseln/vergeigen
zrobić komuś kazanie [srobbitsch kommusch kasanjä]	jdm eine Standpauke halten

WETTER

Jest zimno jak w psiarni. [jäst simno jak fpscharni]	Es ist saukalt (Innenräume).
Jest zimno jak diabli/jak cholera. [jäst simno jak djabli/jak chollera]	Es ist saukalt (außen).
kostnica/lodówa [kosstniza/lodduwa]	Frost (wörtl. Leichenhaus/Kühlschrank)*
Leje jak z cebra. [läjä jak s zäbra]	Es gießt in Strömen.
barowy dzień/pogoda barowa [barowwi dsiänj/poggodda barowwa]	schlechtes Wetter (wörtl. Bar-Tag/ Bar-Wetter)
przemoknąć do suchej nitki [pschämokknontsch do suchäj nitki]	klatschnass sein
Można się ugotować. [moschna schän ugottowwatsch]	Es ist brütend heiß.
Żar z nieba się leje! [schar s njäba schän läjä]	Was für eine Bullenhitze! (wörtl. Vom Himmel fließt Glut herunter.)
żarówa/klara [scharuwa/klara]	Sonne
złapać trochę słońca [suapatsch trochän suonjza]	ein bisschen Sonne tanken
być czerwonym jak rak [bitsch tschärwonnim jak rak]	krebsrot sein

*

IMPRESSUM

Titelbild: Corbis/epa: Jacek Turczyk
Fotos: Denis Pernath (S. 6/7, 10/11, 22/23, 54/55, 78/79, 106/107); mauritius images: Alamy (S. 38/39); Cortina Hotel, München (S. 68/69)
Illustrationen: Mascha Greune, München
Zeigebilder/Fotos: Lazi&Lazi; Food Collection; Comstock; stockbyte; Fisch-Informationszentrum e.V.; Fotolia/Christian Jung; Fotolia/ExQuisine; photos.com
Bildredaktion: Factor Product, München (S. 6/7, 10/11, 22/23, 38/39, 54/55, 68/69, 78/79, 106/107); red.sign, Stuttgart (S. 43–47)
Zeigebilder/Illustrationen: Factor Product, München; HGV Hanseatische Gesellschaft für Verlagsservice, München (S. 46/47, 56, 58/59, 63, 66, 73, 75)

7., komplett überarbeitete Auflage 2014

Chefredaktion: Marion Zorn, MAIRDUMONT
Konzept und Projektleitung: Carolin Schmid, C.C.SCHMID München

Bearbeitet von: Ursula Junger, Hamburg; Agnieszka Grzesiak, Oberkochen
Redaktion: PONS GmbH, Stuttgart; MAIRDUMONT, Ostfildern; Barbara Pflüger, Stuttgart
Satz: Fotosatz Kaufmann, Stuttgart

Kapitel Achtung! Slang:
Redaktion: MAIRDUMONT, Ostfildern; Bintang Buchservice GmbH, Berlin
Autor: Martin Sobkuljak, Köln

Titelgestaltung: Factor Product, München
Innengestaltung: Zum goldenen Hirschen, Hamburg; red.sign, Stuttgart

Printed in Germany

FSC www.fsc.org MIX Paper from responsible sources FSC® C004599

> AUF ALLES VORBEREITET

Beim Arzt, bei der Polizei oder auf der Bank: Wenn's knifflig wird oder schnell gehen soll, dann hilft Ihnen dieses praktische Kapitel in jedem (Not-)Fall.

ARZT

AUSKUNFT | INFORMACJA [inforrmazja]

Können Sie mir einen guten ... empfehlen?	Czy może mi pan/pani polecić dobrego …? [tschi moschä mi pan/panji pollätschitsch dobbrägo]
Arzt	lekarza [läkascha]
Augenarzt	okulistę [ockulistän]
Frauenarzt	ginekologa [ginäkollogga]

VON A BIS Z

Hals-Nasen-Ohren-Arzt	laryngologa [laringollogga]
Hautarzt	dermatologa [därmatollogga]
Kinderarzt	pediatrę [pädjaträn]
Zahnarzt	dentystę [däntistän]
Wo ist seine Praxis?	Gdzie jest jego gabinet? [gdsiä jäst jägo gabinät]

> Apotheke: Seite 57, 60

BEIM ARZT | U LEKARZA [u läkascha]

Was für Beschwerden haben Sie?	Co panu/pani dolega? [zo panu/panji dolläga]
Ich habe mich verletzt.	Skaleczyłem się/f skaleczyłam się. [skalätschiuäm schän/skalätschiuam schän]
Ich habe Kopfschmerzen.	Boli mnie głowa. [bolli mnjä guowwa]
Ich habe Halsschmerzen.	Boli mnie gardło. [bolli mnjä garduo]
Ich habe Husten.	Mam kaszel. [mam kaschäl]
Ich bin allergisch gegen ...	Jestem uczulony/uczulona na … [jästäm utschulloni/utschullona na]
Antibiotika.	antybiotyki. [antibjotiki]
Bienen.	jad pszczeli. [jat pschtschäli]
Pollen.	pyłki. [piukki]
Ich bin gegen ... geimpft.	Jestem zaszczepiony/-a przeciwko … [jästäm saschtschäpijny/-a pschezifko]
Hepatitis A/B/A und B	żółtaczce typu A/B/A i B. [schuutatschzä tipu A/B/A i B]
Tetanus	tężcowi. [tänschzzowwi]
Typhus	tyfusowi. [tiffusowi]
Wie oft muss ich es einnehmen?	Jak często mam to zażywać? [jak tschänsto mam to saschiwwatsch]
Ich bin ...	Jestem … [jästäm]
Diabetiker.	diabetykiem./diabetyczką. [djabätikjäm/djabätitschkon]
Epileptiker.	epileptykiem./epileptyczką. [äpiläptikjäm/äpiläptitschkon]
Wo tut es weh?	Gdzie boli? [gdsiä bolli]
Es ist nichts Ernstes.	To nic poważnego. [to njiz powwaschnägo]
Können Sie mir bitte etwas gegen ... geben/ verschreiben?	Czy może mi pan/pani dać/zapisać coś na … [tschi moschä mi pan/panji datsch/sapissatsch zosch na]

BEIM ZAHNARZT | U DENTYSTY [u däntisti]

Ich habe (starke) Zahnschmerzen.	Mam (ostre) bóle zęba. [mam (ossträ) bulä sämba]
Dieser Zahn (oben/unten/ vorn/hinten) tut weh.	Ten ząb (na górze/na dole/z przodu/z tyłu) boli. [tän sommp (na guschä/na dollä/spschoddu/stiuu) bolli]
Ich habe eine Füllung verloren.	Wypadła mi plomba. [wipadua mi plommba]
Mir ist ein Zahn abgebrochen.	Złamał mi się ząb. [suamau mi schän sommp]
Geben Sie mir bitte eine Spritze.	Proszę mi dać zastrzyk. [proschän mi datsch sastschik]
Geben Sie mir bitte keine Spritze.	Proszę mi nie dawać zastrzyku. [proschän mi njä dawatsch sastschiku]

> *www.marcopolo.de/polnisch*

IM KRANKENHAUS | W SZPITALU [fschpitalu]

Wie lange muss ich hier bleiben?	Jak długo muszę tu zostać? [jak duugo muschän tu sosstatsch]
Wann darf ich aufstehen?	Kiedy mogę wstać? [kädi moggän fstatsch]

Abszess	ropień [roppänj]
Aids	aids [äjts]
Allergie	alergia [alärgja]
ansteckend	zakaźny [sakasini]
Arm	ramię [ramän], ręka [ränka]
Asthma	astma [astma]
Atembeschwerden	trudności w oddychaniu [trudnoschtschi w odddichanju]
atmen	oddychać [odddichatsch]
Auge	oko [ocko]
Ausschlag	wysypka [wisipka]
Bänderriss	naderwanie ścięgna [nadärwanjä schtschängna]
Bauch	brzuch [bschuch]
Bein	noga [nogga]
bewusstlos	nieprzytomny [njäpschitommni]
Blähungen	wzdęcia [wsdänjtscha]
Blase	pęcherz [pänchäsch]
Blinddarm	wyrostek robaczkowy [wirosstäk robbatschkowwi]
Blut	krew [kräf]
Blutdruck (hoher/niedriger)	ciśnienie krwi (wysokie/niskie) [tschischnjänjä krfi (wisockä/njiskä)]
bluten	krwawić [krfawitsch]
Blutvergiftung	zatrucie krwi [satrutschä krfi]
Borreliose	borelioza [boräliossa]
Bronchitis	bronchit [bronnchit]
Bruch	złamanie [suamanjä]
Brust	pierś f [pärsch]
Bypass	bypass [bajpas]
Darm	jelito [jälito]
Diabetes	cukrzyca [zukschiza]
Durchfall	biegunka [bägunka]
Eiter	ropa [roppa]
Empfang	recepcja [räzäpzja]
Entzündung	zapalenie [sapalänjä]
erbrechen, sich	zwymiotować [swimjottowwatsch]
erkälten, sich	przeziębić się [pschäsiämbitsch schän]
Facharzt	lekarz specjalista [läkasch späzjalista]
Fehlgeburt	poronienie [porronjänjä]
Fieber	gorączka [gorronntschka]

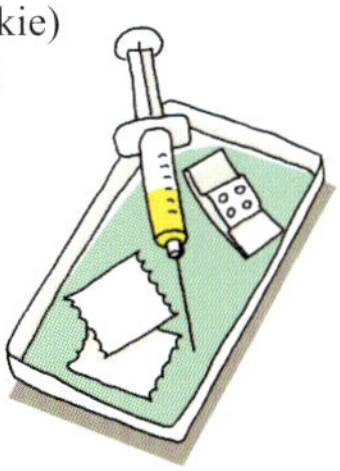

Finger	palec [paläz]
Fuß	stopa [stoppa]
Gallenblase	woreczek żółciowy [worrätschäk schuwtschowwi]
gebrochen	złamany [suamani]
Gehirn	mózg [musk]
Gehirnerschütterung	wstrząs mózgu [fstschons musgu]
Gehirnschlag	wylew krwi do mózgu [wiläf krfi do musgu]
Gelbsucht	żółtaczka [schuwtatschka]
Gelenk	staw [staf]
Geschlechtskrankheit	choroba weneryczna [chorrobba wänäritschna]
Geschlechtsorgane	narządy płciowe [naschonndi putschowwä]
geschwollen	spuchnięty [spuchnjänti]
Geschwür	wrzód [wschut]
Gesicht	twarz f [tfasch]
Grippe	grypa [gripa]
Hals	gardło [garduo]
Halsschmerzen	ból gardła [bul gardua]
Hand	ręka [ränka]
Haut	skóra [skura]
Herpes	opryszczka [oprischtschka]
Herz	serce [särzä]
Herzanfall	atak serca [atak särza]
Herzbeschwerden	dolegliwości sercowe [dollägliwoschtschi särzowwä]
Herzfehler	wada serca [wada särza]
Herzinfarkt	zawał serca [sawau särza]
Herzschrittmacher	rozrusznik serca [rossruschnjik särza]
Hexenschuss	postrzał [posstschau]
Hirnhautentzündung	zapalenie mózgu [sapalänja musgu]
HIV-positiv	HIV pozytywny [chif positiwwni]
Hüfte	biodro [bjoddro]
Husten	kaszel [kaschäl]
Impfung	szczepienie [schtschäpänjä]
Infektion	infekcja [infäkzja]
Ischias	rwa kulszowa [rwa kulschowwa]
Kinderlähmung	paraliż dziecięcy [paralisch dsiätschänzi]
Knie	kolano [kollano]
Knöchel	kostka [kosstka]
Knochen	kość f [koschtsch]
Knochenbruch	złamanie kości [suamanjä koschtschi]
Kolik	kolka [kollka]
Kopf	głowa [guowwa]
Kopfschmerzen	bóle głowy [bulä guowwi]
Krampf	kurcz [kurtsch], skurcz [skurtsch]
krank	chory [chorri]

Krankenhaus	szpital [schpital]
Krankenschein	poświadczenie ubezpieczenia na wypadek choroby [poschfattschänjä ubäspätschänja na wipadäk chorrobbi]
Krankenschwester	pielęgniarka [pälängnjarka]
Krankheit	choroba [chorrobba]
Krebs	rak [rak]
Kreislaufstörung	zaburzenia krążeniowe [sabuschänja kronschänjowwä]
Kur	kuracja [kurazja]
Lähmung	paraliż [paralisch]
Lebensmittelvergiftung	zatrucie pokarmowe [satrutschä pockarmowwä]
Leber	wątroba [wonntrobba]
Leistenbruch	przepuklina [pschäpuklina]
Lippe	warga [warga]
Loch (im Zahn)	dziura (w zębie) [dsiura (w sämbä)]
Lunge	płuca pl [puuza]
Magen	żołądek [schouonndäk]
Magenschmerzen	bóle żołądka [bulä schouonntka]
Mandeln	migdałki [migdauki]
Masern	odra [oddra]
Menstruation	miesiączka [mäschonntschka], menstruacja [mänstruazja]
Migräne	migrena [migräna]
Mittelohrentzündung	zapalenie ucha środkowego [sapalänjä ucha schrottkowwägo]
Mumps	zapalenie przyusznicy [sapalänjä pschiuschnjizi], fam świnka [schfinka]
Mund	usta pl [usta]
Muskel	mięsień [mänschänj], muskuł [muskuu]
Narbe	blizna [blisna]
Narkose	narkoza [narkossa]
Nase	nos [noss]
Nerv	nerw [närf]
nervös	nerwowy [närwowwi]
Nierenentzündung	zapalenie nerek [sapalänjä näräk]
Nierenstein	kamica nerkowa [kamiza närkowwa]
Ohnmacht	utrata przytomności [utrata pschitommnoschtschi]
Ohr	ucho [ucho]
Operation	operacja [oppärazja]
Pilzinfektion	grzybica [gschibiza]
Plombe	plomba [plommba]
Pocken	ospa [osspa]
Praxis	gabinet lekarski [gabinät läkarski]
Prellung	stłuczenie [stuutschänjä]
Prothese	proteza [prottäsa]
Puls	puls [puls]
Quetschung	stłuczenie [stuutschänjä]

Rheuma	reumatyzm [räumatism]
Rippe	żebro [schäbro]
röntgen	prześwietlać [pschäschfätlatsch]
Röteln	różyczka [ruschitschka]
Rücken	plecy pl [pläzi]
Rückenschmerzen	bóle pleców [bulä pläzuf]
Salmonellen	salmonella [salmonnälla]
Schädel	czaszka [tschaschka]
Scharlach	szkarlatyna [schkarlatina]
Schlaflosigkeit	bezsenność f [bässännoschtsch]
Schlaganfall	udar mózgu [udar musgu]
Schlüsselbein	obojczyk [obbojjtschik]
Schmerzen	bóle [bulä]
Schnittwunde	rana cięta [rana tschänta]
Schnupfen	katar [katar]
Schulter	bark [bark], ramię n [ramän]
Schüttelfrost	dreszcze pl [dräschtschä]
schwanger/Schwangerschaft	w ciąży/ciąża [f tschonschi/tschonscha]
Schwellung	obrzęk [obbschänk]
Schwindel	zawrót głowy [sawrut guowwi]
Sonnenstich	porażenie słoneczne [porraschänjä suonnätschnä]
Speiseröhre	przełyk [pschäuik]
Sprechstunde	godziny pl przyjęć [goddsini pschijänjtsch]
Spritze	zastrzyk [sastschik]
Stich	kłócie [kuutschä], ból kłuty [bul kuuti]
Stirnhöhlenentzündung	zapalenie zatok czołowych [sapalänjä satock tschouowwich]
Stuhlgang	stolec [stolläz]
Tetanus	tężec [tänschäz]
Trommelfell	bębenek [bämbänäk]
Typhus	tyfus [tifus], dur [dur]
Übelkeit	mdłości pl [mduoschtschi]
Ultraschalluntersuchung	badanie ultradźwiękowe [badanjä ultradsiwänkowwä]
Unterleib	podbrzusze [poddbschuschä]
Untersuchung	badanie [badanjä]
Urin	mocz [mottsch]
verbinden	opatrzeć [oppatschätsch]
Verbrennung	oparzenie [oppaschänjä]
Verdauung	trawienie [trawänjä]
Vergiftung	zatrucie [satrutschä]
verletzen	skaleczyć [skalätschitsch]
Verletzung	skaleczenie [skalätschänjä]
verschreiben	zapisać [sapissatsch]
verstaucht	skręcony [skränzonni]
Verstopfung	zatwardzenie [satfardsiänjä]

VON A BIS Z

Virus	wirus [wirus]
Wartezimmer	poczekalnia [pottschäkalnja]
wehtun	boleć [bollätsch]
Windpocken	ospa wietrzna [osspa wätschschna]
Wunde	rana [rana]
Zahn	ząb [sommp]
Zecke	kleszcz [kläschtsch]
Zehe	paluch [paluch]
Zerrung	naciągnięcie [natschonngnätschä]
ziehen (Zahn)	wyrwać (ząb) [wirwatsch (sommp)]
Zunge	język [jänsik]

BANK/GELDWECHSEL

> Zahlen: Umschlagseite 2

Wo ist hier bitte eine Bank?	Gdzie tu jest bank? [gdsiä tu jäst bank]
Ich möchte ... Euro/Schweizer Franken in Zloty wechseln.	Chciałbym/f chciałabym wymienić … euro/ franków szwajcarskich na złotych. [chtschaubim/chtschauabim wimänjitsch ... äuro/frankuf schfajzarskich na suotich]
Können Sie mir bitte sagen, wie heute der Wechselkurs ist?	Proszę mi powiedzieć, jaki jest dzisiaj kurs? [proschän mi powwädsiätsch, jakki jäst dsischaj kurs]
Ich möchte ... einlösen.	Chciałbym/chciałabym zrealizować … [chtschaubim/chtschauabim sräalisowwatsch]
diesen Reisescheck	ten czek podróżny. [tän tschäk poddruschni]
Darf ich bitte Ihren Pass/ Ausweis sehen?	Czy mogę zobaczyć pana/pani paszport/dowód osobisty? [tschi moggän sobbatschitsch pana/panji paschporrt/ dowwut ossobbisti]

WIE DIE EINHEIMISCHEN

Insider Tipp

Kantor

Als solchen bezeichnet man im Polnischen keinen Kirchenmusiker, sondern die überall zu findenden Geldwechselstuben. Manchmal sind sie in kleinen Läden untergebracht. Auch in jeder Bank und in jedem Postamt befindet sich ein *Kantor* [kantor]. Vergleichen Sie unbedingt die Kurse!

Würden Sie bitte hier unterschreiben?	Czy może pan/pani tu podpisać? [tschi moschä pan/panji tu pottpissatsch]
Der Geldautomat akzeptiert meine Karte nicht.	Bankomat nie akceptuje mojej karty. [bankomat njä akzäptujä mojäj karti]
Der Geldautomat gibt meine Karte nicht mehr heraus.	Bankomat nie chce oddać mi mojej karty. [bankomat niä chzä oddatsch mi mojäj karti]

auszahlen	wypłacać/wypłacić [wipuazatsch/wipuatschitsch]
Bank	bank [bank]
Betrag	suma [suma]
Cent	cent [zänt]
Euro	euro [äuro]
Formular	formularz [forrmulasch], druczek [drutschäk]
Geheimzahl	hasło [chasuo], PIN [pin]
Geld	pieniądze pl [pänjonndsiä]
Geldautomat	automat bankowy [autommat bankowwi]
Geldschein	banknot [banknott]
Geldwechsel	wymiana pieniędzy [wimjana pänjändsii]
Kasse	kasa [kassa]
Kleingeld	drobne pl [drobbnä]
Kreditkarte	karta kredytowa [karta kräditowwa]
Kurs	kurs [kurs]
Ladeterminal	bankomat [bankomat]
Münze	moneta [monnäta]
Reisescheck	czek podróżny [tschäk poddruschni]
Schalter	okienko [ockänko]
Scheck	czek [tschäk]
Schweizer Franken	frank szwajcarski [frank schfajzarski]
umtauschen	wymieniać [wimänjatsch]
Unterschrift	podpis [pottpis]
Währung	waluta [waluta]
Wechselkurs	kurs wymiany [kurs wimjani]

FARBEN

> Zeigebilder: Seite 4

beige	beżowy [bäschowwi]
blau	niebieski [njäbäski]
braun	brązowy [bronsowwi]
einfarbig	jednokolorowy [jädnokolorowwi]
farbig	kolorowy [kolorowwi]

gelb	żółty [schuoti]
goldfarben	złocisty [suotschisti]
grün	zielony [siälonni]
lila	lila [lila]
orange	pomarańczowy [pomaranjtschowwi]
rosa	różowy [ruschowwi]
rot	czerwony [tschärwonni]
schwarz	czarny [tscharni]
silberfarben	srebrzysty [sräbschisti]
türkis	turkusowy [turkusowwi]
violett	fioletowy [fjolätowwi]
weiß	biały [biaui]

FOTOGRAFIEREN

Zeigebilder: Seite 59

Dürfte ich Sie wohl fotografieren?	Czy mógłbym/mogłabym zrobić panu/pani/państwu zdjęcie? [tschi mugubim/mogguabim srobitsch panu/panji/panjstwu sdjänjtschä]
Ist hier Fotografieren erlaubt?	Czy można tu fotografować? [tschi moschna tu fotografowwatsch]
Könnten Sie bitte ein Foto von uns machen?	Czy mógłby pan/mogłaby pani zrobić nam zdjęcie? [tschi mugubi pan/mogguabi panji srobitsch nam sdjänjtschä]
Drücken Sie bitte auf diesen Knopf.	Proszę nacisnąć na ten guzik. [proschän natschisnontsch na tän gusik]
Das ist sehr freundlich!	To bardzo miło! [to bardsio miuo]

FUNDBÜRO

Wo ist das Fundbüro, bitte?	Gdzie jest biuro rzeczy znalezionych? [gdsiä jäst bjuro schätschi snaläsionnich]
Ich habe ... verloren.	Zgubiłem/Zgubiłam … [sgubiuäm/sgubiuam]
Ich habe meine Handtasche im Zug vergessen.	Zostawiłam/Zostawiłem w pociągu moją torebkę. [sostawuäm/sostawiuam fpottschonngu mojon torräppkän]
Benachrichtigen Sie mich bitte, wenn sie gefunden werden sollte.	Proszę mnie zawiadomić, jeżeli będzie znaleziona/znaleziony. [proschän mnjä sawjadommitsch, jäschäli bänjdsiä snaläsionna/snaläsionni]
Hier ist meine Hotelanschrift.	Tu jest adres mojego hotelu. [tu jäst adräs mojjägo chottälu]

INTERNETCAFÉ

Wo gibt es in der Nähe ein Internetcafé? Czy jest tu w pobliżu kafejka internetowa? [tschi jäst tu fpoblischu kafäjka intärnätowwa]

Wie viel kostet eine Stunde?/ Viertelstunde? Ile kosztuje godzina?/kwadrans? [ilä koschtujä goddsina/kwadrans]

Kann ich bei Ihnen skypen? Czy mogę skorzystać ze Skype'a? [tschi moggän skoschistatsch sä skajpa]

Kann ich mein Gerät bei Ihnen aufladen? Czy mogę u pana/pani doładować mój telefon? [tschi mogän u pana/panji douadowatsch muj täläfon]

Haben Sie ein passendes Ladegerät für mich? Czy ma pan/pani odpowiednią ładowarkę? [tschi ma pan/panji otpowjädnion uadowarkän]

Kann ich eine Seite ausdrucken? Czy mogę wydrukować tą stronę? [tschi mogän widrukowwatsch ton stronän]

Kann ich bei Ihnen Fotos von meiner Digitalkamera auf CD brennen? Czy mogę przegrać zdjęcia z aparatu cyfrowego na płytę CD? [tschi mogän pschägratsch sdjänjtscha sapparatu zifrowwägo na puitän zädä]

Haben Sie auch ein Headset zum Telefonieren? Czy ma pan/pani zestaw słuchawkowy do telefonu? [tschi ma pan/panji sästaf suuchafkowwi do täläfonu]

KINDER UNTERWEGS

Gibt es auch Kinderportionen? Czy są także porcje dla dzieci? [tschi son takschä porrzä dla dsiätschi]

Könnten Sie mir bitte das Fläschchen warm machen? Czy mógłby/mogłaby mi pan/pani podgrzać buteleczkę? [tschi mugubi/mogguabi mi pan/panji poddgschatsch butälätschkän]

Bitte bringen Sie mir noch einen Kinderstuhl. Proszę przynieść jeszcze krzesełko dziecięce. [proschän pschinjäschtsch jäschtschä kschässäuko dsiätschänzä]

Babybett łóżeczko dla dziecka [uuschätschko dla dsiäzka]
Babyfon babyfon [bäbifonn]
Fläschchenwärmer podgrzewacz do butelki [poddgschäwatsch do butälki]
Kinderbetreuung opieka do dzieci [oppäka do dsiätschi]
Kinderermäßigung zniżka dla dzieci [snjischka dla dsiätschi]
Kindernahrung pokarm dla dzieci [pockarm dla dsiätschi]
Kindersitzkissen (fürs Auto) podgłówek dziecięcy [poddguuwäk dsiätschänzi]
Saugflasche butelka ze smoczkiem [butälka sä smottschkäm]
Schnuller smoczek [smottschäk]
Schwimmflügel skrzydełka do nauki pływania [skschidäuka do nauki puiwanja]
Schwimmring koło ratunkowe [kouo ratunkowwä]

Spielplatz/Spielsachen	plac zabaw/zabawki [plaz sabaf/sabafki]
Wickeltisch	stół do przewijania [stuw do pschäwijanja]
Windeln	pieluchy [päluchi]

POLIZEI

Wo ist bitte das nächste Polizeirevier?	Gdzie jest najbliższy komisariat policji? [gdsiä jäst najblischschi kommissarjat pollizji]
Ich möchte einen ... anzeigen.	Chciałbym/f chciałabym zgłosić … [chtschaubim/chtschauabim sguoschitsch]
Diebstahl/Verlust	kradzież/zgubę. [kradsiäsch/sgubän]
Unfall	wypadek. [wipadäk]
Ich bin überfallen/ vergewaltigt worden.	**Zostałem napadnięty/zgwałcony/zostałam napadnięta/zgwałcona** [sostauäm napadnjänti/sgwautsoni/ sostauam napadnjänta/sgwautsona]
Mir ist ... gestohlen worden.	Ukradziono mi … [ukradsionno mi]
die Handtasche	torebkę. [torräpkän]
der Geldbeutel	portfel. [porrtfäl]
mein Fotoapparat	mój aparat fotograficzny. [muj aparat fottoggrafitschni]
mein Auto	moje auto. [mojjä auto]
mein Fahrrad	mój rower. [muj rowwär]
Mein Auto ist aufgebrochen worden.	Włamano się do mojego auta. [wuamano schän do mojjägo auta]
Ich habe ... verloren.	Zgubiłem/zgubiłam … [sgubiuäm/sgubiuam]
Mein Sohn/Meine Tochter ist verschwunden.	Nie ma mojego syna/mojej córki. [njä ma mojjägo sina/mojjäj zurki]
Können Sie mir bitte helfen?	Czy może mi pan/pani pomóc? [tschi moschä mi pan/panji pommuz]
Ich möchte einen Anwalt sprechen.	**Chcę rozmawiać z adwokatem.** [chtsän rosmawjatsch zadwokatäm]
Wenden Sie sich bitte an das ...	Proszę zwrócić się do … [proschän swrutschitsch schän do]
deutsche Konsulat.	niemieckiego konsulatu. [njämäzkägo konnsulatu]
österreichische Konsulat.	austriackiego konsulatu. [austrjazkägo konnsulatu]
Schweizer Konsulat.	szwajcarskiego konsulatu. [schfajzarskägo konnsulatu]

anzeigen	zgłaszać/zgłosić [sguaschatsch/sguoschitsch]
aufbrechen	włamać się [wuamatsch schän]
Autoradio	radio samochodowe [radjo samochoddowwä]
Autoschlüssel	kluczyk do samochodu [klutschik do samochoddu]
belästigen	napastować [napastowwatsch]
beschlagnahmen	skonfiskować [skonnfiskowwatsch]
Brieftasche	portfel [porrtfäl]

Dieb	złodziej [suoddsiäj]
Diebstahl	kradzież [kradsiäsch]
Gefängnis	więzienie [wänsiänjä]
Geld	pieniądze pl [pänjonndsiä]
Geldbeutel	portmonetka [porrtmonnätka]
Gericht	sąd [sont]
Papiere	papiery [papäri]
Personalausweis	dowód osobisty [dowwut ossobbisti]
Polizei	policja [pollizja]
Polizist/in	policjant/ka [pollizjant/ka]
Rauschgift	narkotyk [narkottik]
Rechtsanwalt/-anwältin	adwokat [adwockat]
Reisepass	paszport [paschporrt]
Richter/in	sędzia m/sędzina [sänjdsia/sänjdsina]
Scheck	czek [tschäk]
Scheckkarte	karta czekowa [karta tschäkowwa]
Schlüssel	klucz [klutsch]
Taschendieb	złodziej kieszonkowy [suoddsiäj käschonnkowwi]
Überfall	napad [napat]
Verbrechen	przestępstwo [pschästämpstfo]
Vergewaltigung	gwałt [gwaut]
verhaften	aresztować [aräschtowwatsch]
verlieren	zgubić [sgubitsch]
zusammenschlagen	bić/pobić [bitsch/pobitsch]

POST

Wo ist ...	Gdzie jest … [gdsiä jäst]
das nächste Postamt?	najbliższa poczta? [najblischscha pottschta]
der nächste Briefkasten?	najbliższa skrzynka pocztowa? [najblischscha skschinka pottschtowwa]
Was kostet ein Brief/ eine Postkarte ...	Ile kosztuje list/pocztówka … [ilä koschtujä list/pottschtufka]
nach Deutschland?	do Niemiec? [do njämäz]
nach Österreich?	do Austrii? [do austrji]
in die Schweiz?	do Szwajcarii? [do schfajzarji]
Wie lange braucht ein Brief nach Deutschland?	Jak długo idzie list do Niemiec? [jak duugo idsiä list do njämäz]
Absender	nadawca [nadafza]
Adresse	adres [adräs]
aufgeben	nadać [nadatsch]

Brief	list [list]
Briefkasten	skrzynka pocztowa [skschinka pottschtowwa]
Briefmarke	znaczek pocztowy [snatschäk pottschtowwi]
Briefumschlag	koperta [koppärta]
Eilbrief	ekspres [äkspräs]
Empfänger	odbiorca [oddbjorrza]
Formular	formularz [forrmulasch], druczek [drutschäk]
frankieren	frankować [frankowwatsch]
Gebühr	opłata [oppuata]
Gewicht	waga [waga]
Hauptpostamt	poczta główna [pottschta guuwna]
Leerung	wyjmowanie listów [wijmowwanjä listuf]
Luftpost, mit	poczta lotnicza [pottschta lottnjitscha]
Paket	paczka [patschka]
Porto	porto [porrto], opłata [oppuata]
Postamt	poczta [pottschta]
Postleitzahl	kod pocztowy [kott pottschtowwi]
Schalter	okienko [ockänko]

TELEFONIEREN

Ich möchte ...	Chciałbym/chciałabym… [chtschaubim/chtschauabim]
eine Telefonkarte.	kupić kartę telefoniczną. [kupitsch kartän täläfinjitschnon]
ein R-Gespräch führen.	zadzwonić na koszt odbiorcy. [sadswonjitsch na koscht odbjorzi]
Bitte eine internationale Telefonkarte.	Poproszę międzynarodową kartę telefoniczną. [poproschän mändsinarodowwon kartän täläfonitschnon]

WIE DIE EINHEIMISCHEN

Insider Tipp

Halo, słucham

Es ist üblich, sich lediglich mit einem „Hallo, ich höre" am Telefon zu melden. Weder bei Behörden oder in Firmen noch zu Hause nennt man seinen Namen. Fragen Sie einfach *Czy to mieszkanie Kowalskich?* [tschi to mjäschkanjä kowalskich?] („Ist das die Wohnung der Familie Kowalski?"), wenn Sie nicht sicher sind, ob Sie richtig verbunden sind.

Ich möchte nach ... telefonieren.	Chcę zadzwonić do ... [chtsän sadswonjitsch do]
Wie viel kostet es pro Minute?	Ile kosztuje minuta rozmowy? [ilä koschtujä minuta rosmowwi]
Hier spricht ...	Tu mówi ... [tu muwi]

abnehmen	odebrać [oddäbratsch]
anrufen	zadzwonić [sadsiwonjitsch]
Auskunft	informacja [informazja]
Auslandsgespräch	rozmowa międzynarodowa [rossmowwa mändsiinaroddowwa]
besetzt	zajęte [sajäntä]
Ferngespräch	rozmowa międzymiastowa [rossmowwa mändsiimjastowwa]
Gebühr	opłata [oppuata]
Gespräch	rozmowa [rossmowwa]
Handy	komórka [komurka]
Hörer	słuchawka [suuchafka]
Ladekabel	**ładowarka** [uadowarkka]
Ortsgespräch	rozmowa miejscowa [rossmowwa mäjszowwa]
Prepaid-Karte	**karta pre-paid** [karta pripäjd]
SIM-Karte	**karta SIM** [karta sim]
Smartphone	**smartfon** [smartfon]
Telefon	telefon [täläfonn]
Telefonbuch	książka telefoniczna [kschonschka täläfonjitschna]
Telefongespräch	rozmowa telefoniczna [rossmowwa täläfonjitschna]
Telefonkarte	karta telefoniczna [karta täläfonjitschna]
Telefonnummer	numer telefonu [numär täläfonnu]
Telefonzelle	budka telefoniczna [butka täläfonjitschna]
Verbindung	połączenie [pouonntschänjä]
Vermittlung	centrala telefoniczna [zäntrala täläfonjitschna]
Vorwahlnummer	numer kierunkowy [numär kärunkowwi]
wählen	nakręcać numer [nakränzatsch numär]

HANDY | KOMÓRKA [komurka]

Meine Prepaid-Karte ist leer.	**Moja karta pre-paid jest pusta.** [moja karta pripäjd jäst pusta]
Ich möchte meine Karte aufladen.	**Chciałbym/chciałabym doładować kartę.** [chtschaubim/chtschauabim douadowatsch kartän]
Wie viele Minuten kann ich mit einer Karte für ... sprechen?	Ile minut mogę rozmawiać tą kartą za ...? [ilä minut mogän rosmawiatsch ton karton sa ...]
Für welches Gebiet gilt diese SIM-Karte?	W jakim obszarze mogę dzwonić tą SIM-kartą? [w jakim opschaschä mogän dswonitsch ton sim-karton]

Geben Sie mir bitte eine Tarifübersicht.	Proszę mi dać przegląd stawek taryfowych. [proschän mi datsch pschäglonnt stawäk tarifowwich]
Haben Sie Guthabenkarten von ...?	Czy są karty na doładowanie z telefonii …? [tschi son karti na douadowanjä s täläfonii]
Mein Akku ist leer. Haben Sie ein Ladekabel für mich?	Moja bateria jest pusta. Czy ma pan/pani może ładowarkę? [moja batärja jäst pusta. tschi ma pan/panji moschä uoadowarkän]

TOILETTE UND BAD

Wo ist bitte die Toilette?	Przepraszam, gdzie jest toaleta? [pschäprascham gdsiä jäst toaläta]
Dürfte ich wohl bei Ihnen die Toilette benutzen?	Czy mógłbym/mogłabym skorzystać z toalety? [tschi mugubim/mogguabim skoschistatsch stoaläti]
Würden Sie mir bitte den Schlüssel für die Toiletten geben?	Czy mógłby pan/mogłaby pani dać mi klucz do toalety? [tschi mugubi pan/mogguabi panji datsch mi klutsch do toaläti]

Damen	panie [panjä]
Handtuch	ręcznik [räntschnjik]
Handwaschbecken	umywalka [umiwallka]
Herren	panowie [panowä]
sauber/schmutzig	czysto/brudno [tschisto/brudno]
Seife	mydło [miduo]
Stehklo	latryna [latrina]
Tampons	tampony [tamponni]
Toilettenpapier	papier toaletowy [papär toalätowwi]
Wasserspülung	spłuczka [spuutschka]

> Wetter: S. 21; Zahlen: Umschlagseite 2; Zeitangaben: S. 17/18

WIE DIE EINHEIMISCHEN

Insider Tipp

Wohin denn bloß?

In vielen Lokalen oder öffentlichen Toiletten finden sich Symbole auf den Klotüren, die den ausländischen Gast in hilfloses Raten stürzen. Dreieck oder Kreis ist hier die Frage. Für wen gilt was? Also: Kreise stehen für die Damen, Dreiecke für die Herren!

DIE 1333 WICHTIGSTEN WÖRTER

Die hinter der polnischen Übersetzung aufgeführten Zahlen verweisen auf die entsprechenden Seiten der themenbezogenen Kapitel.

A

ab od [ott]
abbestellen odwołać zamówienie [oddwouatsch samuwjänjä]
Abend wieczór [wätschur]
aber ale [alä]
Abfahrt odjazd [oddjast] >32, 36
Abflug odlot [oddlott] >31
ablehnen odmówić [oddmuwitsch]
Abreise odjazd [oddjast] >71
abreisen (nach) odjechać (do) [oddjächatsch (do)]
Abschied pożegnanie [poschägnanjä] >12
abschleppen odholować [otchollowwatsch] >26 f.
Absender nadawca [nadafza] >118
abwärts w dół [wduw]
Achtung Uwaga! [uwaga]
Adresse adres [adräs] >118
Aktivurlaub wypoczynek czynny [wipotschinäk tschinni] >86 ff.
alle wszyscy [fschiszi]
allein sam [sam]
alles wszystko [fschistko]
als (zeitlich) kiedy, gdy [kädi, gdi]; (beim Komparativ) niż [njisch]
also więc [wänz]
alt stary [stari]
Alter wiek [wäk] >14
Amt urząd [uschonnt]
andere, der, die, das ~ inn-y/a/e [inn-i/a/ä]
ändern zmienić [smänjitsch]
anders inaczej [inatschäj]
Anfang początek [pottschonntäk]
Angst strach [strach], lęk [länk]
anhalten zatrzymać [satschimatsch]
ankommen przyjechać [pschijächatsch], przybyć [pschibitsch]
Ankunft przyjazd [pschijast], przylot [pschilott] >31
Anmeldung zameldowanie [samäldowwanjä]
Anreisetag dzień przyjazdu [dsiänj pschijasdu]
Anruf telefon [täläfonn] >120
anrufen telefonować [täläfonnowwatsch]
Anschluss połączenie [pouonntschänjä] >32 f.
Anschrift adres [adräs]
anstatt zamiast [samiast]
anstrengend męczący [mäntschonnzi]
antworten odpowiedzieć [ottpowwjädsiätsch]
Apotheke apteka [aptäka] >57, 60
Appetit apetyt [apätit]
arbeiten pracować [prazowwatsch]
ärgern, s. ~ (über) złościć się (na) [suoschtschitsch schän (na)]
arm biedny [bädni]
Art rodzaj [roddsiaj]
Arzt lekarz [läkasch] >106 ff.
auch też [täsch]
auf na [na]; (offen) otwarty [ottfarti]
aufbrechen (weggehen) wyruszyć [wiruschitsch]
Aufenthalt nadać [nadatsch]
aufhören przestać [pschästatsch]
aufpassen (auf) uważać (na) [uwaschatsch (na)]
aufstehen wstać [fstatsch]
aus (Richtung, Material) z, ze [s, sä]
Ausfahrt wyjazd [wijast]; (Autobahnausfahrt) zjazd z autostrady [sjast s autosstradi]
Ausflug wycieczka [witschätschka] >71
ausfüllen wypełnić [wipäunjitsch]
Ausgang wyjście [wijschtschä]
Auskunft informacja [inforrmazja] >8 f., 22 f., 25, 31, 33 ff., 38 f., 68, 78, 106 f.
Ausländer/in cudzoziem-iec/ka [zudsiosiämjäz/ka]
außen na zewnątrz [na säwnontsch], zewnątrz [säwnontsch]
außer poza [possa]
außerdem poza tym [possa tim]
Aussicht widok [widock]
aussprechen wymówić [wimuwitsch]
aussteigen wysiadać [wischadatsch] >33, 36
Ausweis (Personal~) dowód osobisty [dowut ossobbisti]
Auto samochód [samochut], auto [auto]
Auto fahren jeździć samochodem [jäsidsitsch samochoddäm] >25 ff.

B

Baby baby [bäbi], dziecko [dsiäzko] >116
Bahnhof dworzec [dwoschäz] >33 f.
bald wkrótce [fkrutzä]
Bank (Geldinstitut) bank [bank] >113 f.; (Sitz~) ławka [uafka]
Bar bar [bar] >82
Baum drzewo [dschäwo]
Beanstandung reklamacja [räklamazja] >40, 70

beantworten odpowiedzieć [ottpowwädsiätsch]
bedeuten znaczyć [snatschitsch], mieć znaczenie [mätsch snatschänjä]
Bedienung obsługa [oppsuuga]
beenden zakończyć [sakonjtschitsch]
befinden, s. ~ znaleźć się [snaläschtsch schän]
befreundet sein być zaprzyjaźnionym [bitsch sapschijasinjonnim]
befürchten obawiać się [obbawjatsch schän]
beginnen zaczynać [satschinatsch]
begleiten towarzyszyć [towwaschischitsch]; **jdn nach Hause ~** odprowadzić kogoś do domu [ottprowwadsitsch koggosch do dommu]
begrüßen powitać [powwitatsch], kłaniać się [kuanjatsch schän] > 10
behalten zatrzymać [satschimatsch]
Behörde urząd [uschonnt], instytucja [instituzja]
bei (in der Nähe) w pobliżu [f pobblischu]; **~ jdm sein** być u kogoś [bitsch u koggosch]
beide obaj/obie/oboje [obbaj/obbjä/obbojjä]
Beileid kondolencje [konndollänzjä], współczucie [fspuwtschutschä]
Beispiel przykład [pschikuat]
beißen gryźć [grischtsch]
beklagen, s. ~ (über) skarżyć się (na) [skarschitsch schän (na)]
belästigen zaczepiać [satschäpatsch], naprzykrzać się [napschikschatsch schän] > 117
beleidigen obrazić [obbrasitsch]
benachrichtigen zawiadomić [sawadommitsch]
benötigen potrzebować [pottschäbowwatsch]
Benzin benzyna [bänsina] > 25 ff.
Berg góra [gura]
Beruf zawód [sawut]
beruhigen, s. ~ uspokoić się [uspockoitsch schän]
beschädigen uszkodzić [uschkoddsitsch], psuć [psutsch]
bescheinigen zaświadczyć [saschfattschitsch]
beschlagnahmen skonfiskować [skonnfiskowwatsch]
beschließen postanowić [posstanowwitsch]
beschweren, s. ~ (über) poskarżyć się (na) [posskarschitsch schän (na)]
besetzt zajęty [sajänti]
Besichtigung zwiedzanie [swädsianjä] > 78 ff.
besitzen posiadać [poschadatsch], mieć [mätsch]
Besitzer posiadacz [poschadatsch], właściciel [wuaschtschitschäl]
besorgen postarać się [posstaratsch schän]
bestätigen potwierdzić [pottfärdsitsch]
Besteck sztućce [schtutschzä]
Bestellung zamówienie [samuwjänjä] > 40 f.
bestimmt adj pewny [päwni]; adv na pewno [na päwno]

besuchen, jdn ~ odwiedzić kogoś [oddwädsitsch koggosch]
Betrag kwota [kfotta], suma [suma]
betreten wejść [wäjschtsch]
betrinken, s. ~ upić się [upitsch schän]
betrügen oszukać [oschukatsch]
Bett łóżko [uuschko]
Bewohner mieszkaniec [mäschkanjäz]
bewusstlos nieprzytomny [njäpschitommni]
bezahlen zapłacić [sapuatschitsch] > 40 f.
Biene pszczoła [pschtschoua]
Bild obraz [obbras]; (Foto) zdjęcie [sdjänjtschä]
billig tani [tanji]
bis do [do]
bitte proszę [proschän] > 12; **wie ~?** słucham? [suucham]
Bitte prośba [prosiba]
bitten, jdn um etwas ~ kogoś poprosić o coś [koggosch popproschitsch o zosch]
bleiben (po)zostać [(po)sosstatsch]
Blitz błyskawica [buiskawiza]
Blume kwiat [kwat]
Blut krew [kräf] > 109
Boden ziemia [siäma], grunt [grunt]; (Fuß~) podłoga [podduogga]
Boot łódź [uutsch] > 86
böse zły [sui]
Botschaft wiadomość f [wadommoschtsch]; (dipl. Vertretung) ambasada [ambassada]
Brand pożar [poschar]
brauchen potrzebować [pottschäbowwatsch]
brechen łamać [uamatsch], przełamywać [pschäuamiwatsch]
breit szeroki [schäroki]
Bremse hamulec [chamuläz] > 26
brennen (transitiv) spalić [spalitsch]; (intransitiv) palić się [palitsch schän]
Brief list [list] > 118
Brieftasche portfel [porrtfäl] > 117
Brille okulary pl [ockulari] > 61 f.
bringen (her~) przynieść [pschinjäschtsch]; (weg~) zanieść [sanjäschtsch]
Brot chleb [chläp] > 41, 45, 48, 64
Bruder brat [brat]
Buch książka [kschonschka] > 67
buchstabieren literować [litärowwatsch]
Bucht zatoka [satocka]
Buchung rezerwacja [räsärwazja] > 6 ff., 69
Büro biuro [buro]
Bus autobus [autobbus] > 23, 36

C

Café kawiarnia [kawarnja]
Camping kemping [kämpink] > 9, 76 f.
Chef szef [schäf]
Club/Diskothek klub/dyskoteka [klub/diskottäka] > 84

Computer komputer [komputär] > 61
Computerfachgeschäft sklep komputerowy [skläp komputärowwi] > 56, 59
Cousin/e kuzyn/ka [kusin/ka]

D

da (dort) tam [tam]; (hier) tu [tu], tutaj [tutaj]; (dann) wtedy [ftädi]; (weil) ponieważ [ponjäwasch]
dafür sein być za tym [bitsch sa tim]
dagegen sein być przeciw [bitsch pschätschif]
daheim w domu [w dommu]
daher (Grund) dlatego [dlatägo]
danach potem [pottäm]
danken podziękować [poddsiänkowwatsch]
dann potem [pottäm]
da sein (anwesend) być obecnym [bitsch obbäznim]
dasselbe to samo [to samo]
Datum data [data] > 19
Dauer trwanie [trwanjä], okres [ockräs]
dauern trwać [trwatsch]
Decke (Bett~) kołdra [koudra]; (Zimmer~) sufit [sufit]
defekt zepsuty [säpsuti] > 26 f.
dein(e) twój/twoja/twoje [tfuj/tfojja/tfojjä]
denken an myśleć o [mischlätsch o]
denn ponieważ [ponjäwasch], gdyż [gdisch]
deshalb ponieważ [ponjäwasch], gdyż [gdisch]
Deutsche, der/die ~ Niemiec [njämäz]/Niemka [njämka]
Deutschland Niemcy [njämzi]
dich cię [tschän], ciebie [tschäbä]
dick gruby [grubi]
Diebstahl kradzież [kradsiäsch] > 118
diese(r, -s) ta, ten, to [ta, tän, to]
Ding rzecz [schätsch]
dir tobie [tobbä]
Direktor dyrektor [diräktorr]
Disko dyskoteka [diskottäka] > 82
doch ależ tak [aläsch tak]; (trotzdem) jednak [jädnak]
Doktor doktor [docktorr]
doppelt podwójny [poddwujni]
Dorf wieś f [wäsch]
draußen (außerhalb eines Raumes, Gebäudes) na dworze [na dwoschä]
drin, drinnen w środku [f schrottku], wewnątrz [wäwnontsch]
dringend pilnie [pilnjä]
Drogerie drogeria [droggärja] > 56, 58
du ty [ti]
dumm głupi [guupi]
dünn cienki [tschänki]; (schlank) szczupły [schtschupui]
durch przez [pschäs]
Durchgang przejście [pschäjschtschä]
Durchreise przejazd [pschäjast]; **auf der ~** przejazdem [pschäjasdäm]
dürfen móc [muz]
durstig spragniony [spragnjonni]

E

eben (flach) równy [ruwni], płaski [puaski]; (zeitlich) dopiero co [doppäro zo]
Ebene równina [ruwnjina]
echt prawdziwy [prawdsiwi]
Ecke róg [ruk]
Ehe małżeństwo [mauschänjstfo]
Ehefrau żona [schonna], małżonka [mauschonnka]
Ehemann mąż [monsch], małżonek [mauschonnäk]
Ehepaar małżeństwo [mauschänjstfo]
Eigentümer właściciel [wuaschtschitschäl]
eilig pośpieszny [poschpäschni]
ein(e) jeden (jedna, jedno) [jädän (jädna, jädno)]
Einfuhr wwóz [wwus]
Eingang wejście [wäjschtschä]
einige kilka [kilka], niektórzy [njäktuschi]
einigen, s. ~ z/jednoczyć się [s/ jädnottschitsch schän]
einkaufen robić zakupy [robbitsch sakupi], kupować [kupowwatsch] > 54 ff.
einladen zaprosić [saproschitsch]
einmal raz [ras]
einreisen wjechać (do jakiegoś kraju) [wjächatsch (do jakägosch kraju)]
eins jeden [jädän]
einsam samotny [samottni]
eintreten wejść [wäjschtsch]
Eintrittskarte bilet wstępu [bilät fstämpu] > 83
Einwohner mieszkaniec [mäschkanjäz]
Eisenbahn kolej (żelazna) [kolläj (schälasna)]
Elektrohandlung sklep z artykułami elektrycznymi [skläp sartikuwami äläktritschnimi] > 56, 59
Eltern rodzice [roddsizä]
Empfang (Rezeption) recepcja [räzäpzja]; (Essen) przyjęcie [pschijäntschä]
Empfänger odbiorca [oddbjorrza] > 118
empfehlen polecić [pollätschitsch]
enden zakończyć się [sakonjtschitsch schän]
endgültig ostateczny [osstatätschni]
endlich nareszcie [naräschtschä]
englisch angielski [angälski]
Enkel/in wnuk/wnuczka [wnuk/wnutschka]
Enkel
entdecken odkryć [ottkritsch]
entfernt oddalony [odddalonni], odległy [oddlägui]
entgegengesetzt przeciwstawny [pschätschifstawni]

entscheiden rozstrzygnąć [rosstschignontsch]
entschließen, s. ~ zdecydować się [sdäzidowwatsch schän]
Entschluss postanowienie [posstanowwänjä], decyzja [däzisja]
entschuldigen przeprosić [pschäproschitsch]
Entschuldigung przeprosiny [pschäproschini]; **~!** przepraszam! [pschäprascham] >12
enttäuscht rozczarowany [rosstscharowwani]
entweder ... oder albo ... albo [albo ... albo]
entwickeln rozwinąć [rosswinontsch]; **einen Film ~ lassen** dać film do wywołania [datsch film do wiwouanja]
er on [onn]
Erde ziemia [siämä]
Erdgeschoss parter [partär]
ereignen, s. ~ zdarzyć się [sdaschitsch schän]
Ereignis wydarzenie [widaschänjä]
erfreut (über) ucieszony (z) [utschäschonni (s)]
Ergebnis wynik [winjik]
erhalten otrzymać [ottschimatsch], dostać [dosstatsch]
erhältlich do nabycia [do nabitscha]
erholen, s. ~ wypocząć [wipottschontsch]
erkennen rozpoznać [rosspossnatsch]
erklären oświadczyć [oschwattschitsch]
erkundigen, s. ~ dowiedzieć się [dowwädsiätsch schän]
erlauben pozwolić [posswolitsch]
Erlaubnis zezwolenie [säswollänjä]
erledigen załatwić [sauatwitsch]
Ermäßigung zniżka [snjischka]
ernst poważny [powwaschni]
erreichen osiągnąć [oschonngnontsch]
Ersatz surogat [suroggat]; (Schaden~) odszkodowanie [ottschkoddowwanjä]
erschöpft zmęczony [smäntschoni], wycieńczony [witschänjtschoni]
erschrecken przerazić [pschärasitsch], przestraszyć [pschästraschitsch]
ersetzen zastąpić [sastommpitsch]; (Unkosten) zwrócić [swrutschitsch]
erst (zuerst) najpierw [najpärf]; (nicht früher als) dopiero [doppäro]
Erwachsene(r) dorosł-a/y [dorrossu-a/i]
erzählen opowiedzieć [oppowwädsiätsch]
Erziehung wychowanie [wichowwanjä]
es ono [onno]
es gibt jest/są [jäst/son]
essbar jadalny [jadalni]
Essen jedzenie [jädsiänjä] >38 ff.
essen jeść [jäschtsch]
etwa około [ockouo]
etwas coś [zosch]; (ein wenig) trochę [trochän]
euch (Akkusativ) was [was]; (Dativ) wam [wam]
euer, eure wasz(a, e) [wasch(a, ä)]
Euro euro [äuro] >113 f.
Europa Europa [äuroppa]
Europäer/in Europejczyk [äuroppäjtschik], Europejka [äuroppäjka]

F

Fabrik fabryka [fabrika]
fahren jeździć [jäsidsitsch]
Fahrkarte bilet [bilät] >34 ff.
Fahrplan rozkład jazdy [rosskuat jasdi] >34
Fahrrad rower [rowwär] >25 ff.
Fahrt jazda [jasda]
fallen upaść [upaschtsch]
falsch (unrichtig) błędny [buändni]; (betrügerisch) fałszywy [fauschiwi]
Familie rodzina [roddsina]
Familienname nazwisko [naswisko] >24
Farbe kolor [kollorr] >4, 114 f.
faul leniwy [länjiwi]; (Obst) zgniły [sgnjiui]
fehlen brakować [brakowwatsch]
Fehler (den man macht) błąd [buonnt]; (den man hat) brak [brak]
Feiertag święto [schwänto]; (kein Arbeitstag) wolny dzień od pracy [wollni dsiänj ott prazi] >20
Feld pole [pollä]
Fels skała [skaua]
Ferien wakacje [wakazjä]
Ferienhaus dom wczasowy [domm ftschassowwi] >9, 74 f.
Ferngespräch rozmowa międzymiastowa [rossmowwa mändsiimjastowwa] >119 f.
fertig gotowy [gottowwi]
Fest święto [schwänto] >84
Festland ląd [lonnt]
fett tłusty [tuusti]
feucht wilgotny [wilgottni]
Feuer ogień [oggänj]
Feuerlöscher gaśnica [gaschnjiza]
Feuermelder urządzenie służące do szybkiego wezwania straży pożarnej [uschondsiänjä suuschonzä do schipkägo wäswanja straschi poscharnäj]
Feuerwehr straż pożarna [strasch poscharna]
Film film [film] >83
finden znaleźć [snaläschtsch]
Firma firma [firma], zakład [sakuat]
Fisch ryba [riba] >47, 49, 64
Flasche butelka [butälka]
fliegen latać [latatsch], lecieć [lätschätsch]
fließen płynąć [puinontsch]
Flirt flirt [flirt] >16 f.
Flug lot [lott] >31 f.
Flughafen lotnisko [lottnjisko] >31 f.
Flugzeug samolot [samollott] >31 f.
Fluss rzeka [schäka]
fordern żądać [schonndatsch]
Formular formularz [formmulasch]

fort nieobecny [njäobbäzni]
fortsetzen kontynuować [konntinuowwatsch]
Foto zdjęcie [sdjänjtschä]
Fotoartikel artykuły fotograficzne [artikuwi fottoggrafitschnä] >59
fotografieren fotografować [fottoggrafowwatsch] >115
Frage pytanie [pitanjä]
fragen spytać [spitatsch]
frankieren frankować [frankowwatsch], nalepić znaczek [naläpitsch snatschäk]
Frau pani [panji], kobieta [kobbäta]
frei wolny [wollni]; (kostenlos) bezpłatny [bäspuatni]
fremd (nicht eigen) obcy [oppzi];(ausländisch) cudzoziemski [zudsiosiämski]
Fremde, der, die ~ obcy/obca [oppzi/opza]
Fremdenführer przewodnik [pschäwoddnjik]
Freude radość f [radoschtsch]
freuen, s. ~ auf cieszyć się na [tschäschitsch schän na]; **s. ~ über** cieszyć się z [tschäschitsch schän s]
Freund/in przyjaciel [pschijatschäl]/ przyjaciółka [pschijatschuwka]
freundlich uprzejmy [upschäjmi]
Freundlichkeit uprzejmość f [upschäjmoschtsch]
Friede pokój [pockuj]
frieren marznąć [marsnonjtsch]
frisch świeży [schfäschi]
Friseur fryzjer [frisjär] >56, 60 f.
froh (heiter) wesoły [wäsoui]; (erfreut, zufrieden) zadowolony [sadowwollonni]
früh wcześnie [ftschäschnjä]
Frühstück śniadanie [schnjadanjä] >48
fühlen czuć [tschutsch]
Führerschein prawo jazdy [prawo jasdi]
Führung oprowadzanie [opprowwadsianjä] >79 f.
Fundbüro biuro rzeczy znalezionych [buro schätschi snaläsionnich] >115
funktionieren funkcjonować [funkzjonnowwatsch]
für (für jdn) dla [dla]; (für etwas) na [na]

G

Gang (Auto) bieg [bäg]; (Flur) korytarz [korritasch]; (Essen) danie [danjä]
ganz adj cały [zaui]; (vollständig) całkowity [zaukowwiti]; adv całkiem [zaukäm]
Garage garaż [garasch]
Garantie gwarancja [gwaranzja]
Garten ogród [oggrut]
Gast gość [goschtsch]
Gastgeber/in gospodarz/gospodyni [gosspoddasch/gosspoddinji]
Gasthaus, Gasthof gospoda [gosspodda]
Gebäude budynek [budinäk] >80
geben dać [datsch]
Gebet modlitwa [moddlitfa]
Gebirge góry pl [guri]
geboren urodzony [uroddsionni]
Gebühr opłata [oppuata]
Geburt poród [porrut]
Geburtstag urodziny pl [uroddsini]
Geburtsdatum data urodzenia [data uroddsiänja]
Gedanke myśl f [mischl]
gefährlich niebezpieczny [njäbäspätschni]
Gefallen uprzejmość f [upschäjmoschtsch], przysługa [pschisuuga]
Gefängnis więzienie [wänsiänjä] >118
Gefühl uczucie [utschutschä]
gegen przeciw [pschätschif]
Gegend okolica [ockolliza]
Gegenteil przeciwieństwo [pschätschiwänjstfo]
geheim (po)tajemny [(po)tajämni]
gehen iść [ischtsch], pójść [pujschtsch]
gehören należeć [naläschätsch]
Geistlicher duchowny [duchowwni], ksiądz [kschonnz]
gelb żółty [schuwti]
Geld pieniądze pl [pänjondsiä] >113 f.
Geldautomat automat bankowy [autommat bankowwi] >114
Geldbeutel portmonetka [porrtmonnätka]
Geldwechsel wymiana pieniędzy [wimjana pänjändsii] >113 f.
Gelegenheit okazja [ockasja]
gemeinsam adj wspólny [fspulni]; adv wspólnie [fspulnjä], razem [rasäm]
Gemüse jarzyny pl [jaschini] >43, 50 f., 64
genießen delektować się [däläktowwatsch schän]
genug dosyć [dossitsch], dość [doschtsch]
geöffnet otwarty [ottfarti]
Gepäck bagaż [bagasch] >31 ff.
geradeaus prosto [prossto]
Gericht (Essen) potrawa [pottrawa]; (Justiz) sąd [sonnt]
gern chętnie [chäntnjä]
Geruch zapach [sapach]
Geschäft (Laden) sklep [skläp]
geschehen zdarzyć się [sdaschitsch schän]
Geschenk prezent [präsänt]
Geschichte historia [chistorrja]
geschlossen zamknięty [samknjänti]
Geschmack smak [smak]
Geschwindigkeit szybkość f [schipkoschtsch]
Gesellschaft towarzystwo [towwaschistfo]
Gespräch rozmowa [rossmowwa]
gesund zdrowy [sdrowwi]
Gesundheit zdrowie [sdrowwä]
Getränk napój [napuj] >47, 53, 64
getrennt oddzielny [odddsiälni]
Gewicht waga [waga]

gewinnen wygrać [wigratsch]
gewiss adj pewny [päwni]; adv na pewno [na päwno]
Gewitter burza [buscha]
gibt, es ~ jest/są [jäst/son]
Gift trucizna [trutschisna]
Gipfel szczyt [schtschit]
Glas szkło [schkuo]; (Trink~) szklanka [schklanka]
Glaube wiara [wara]
gleich równy [ruwni]; (identisch) taki sam [taki sam]; (sofort) zaraz [saras]
Glück szczęście [schtschänschtschä]
glücklich szczęśliwy [schtschänschliwi]
Glückwunsch powinszowanie [powwinschowanjä]
Gott Bóg [buk]
Gottesdienst nabożeństwo [naboschänjstfo]
Grab grób [grup]
gratulieren gratulować [gratulowwatsch]
grau szary [schari]
Grenze granica [granjiza] >24
groß duży [duschi]; fig wielki [wälki]
Größe wielkość f [wälkoschtsch]; (Kleidung) rozmiar [rossmar]
Großmutter babka [bapka], babcia [baptscha]
Großvater dziadek [dsiadäk]
Grund (Ursache) przyczyna [pschitschina]
Gruppe grupa [grupa]
grüßen pozdrawiać [possdrawatsch]
gültig ważny [waschni], aktualny [aktualni] >24
gut adj dobry [dobbri]; adv dobrze [dobbschä]

H

Haar włosy pl [wuossi] >60 f.
haben mieć [mätsch]
Hafen port [porrt] >34 f.
halb pół [puw]
Hallo! Halo! [chalo]
Haltestelle przystanek [pschistanäk] >36
Handy komórka [komurka] >120 f.
hart twardy [tfardi]
hässlich brzydki [bschitki]
häufig adv często [tschänsto]
Haus dom [domm]
Hausbesitzer właściciel domu [wuaschtschitschäl dommu]
hausgemacht wyrób własny [wirup wuassni] >42
Haushaltswaren Artykuły gospodarstwa domowego [artikuwi gosspoddarstfa dommowwägo] >56, 76 f.
heilig święty [schwänti]
Heimat ojczyzna [ojjtschisna]
heimlich adj tajemniczy [tajämnjitschi]; adv w tajemnicy [f tajämnjizi]
Heimreise podróż do domu [poddrusch do dommu]
heiraten ożenić się [oschänjitsch schän]; (von Frau) wyjść za mąż [wijschtsch sa monsch]
heiß gorący [gorronnzi]
heißen nazywać się [nasiwatsch schän]; (bedeuten) znaczyć [snatschitsch]
heiter pogodny [poggoddni], wesoły [wäsoui]
Heizung ogrzewanie [oggschäwanjä]
helfen, jdm ~ pomóc komuś [pommuz kommusch]
hell jasny [jassni]
Herkunft pochodzenie [pochodsänjä] >14
Herr pan [pan]
heute dziś [dsisch], dzisiaj [dsischaj]
hier tu [tu], tutaj [tutaj]
Hilfe pomoc f [pommotts]; **Erste ~** pierwsza pomoc [pärfscha pommotts]; ~ ! ratunku! [ratunku]
Himmel niebo [njäbo]
hinlegen położyć [pouoschitsch]
hinsetzen, s. ~ usiąść [uschonschtsch]
hinter za [sa]
Hobby hobby [chobbbi] >15
hoch wysoki [wisocki]
Hochzeit wesele [wässälä]
hoffen mieć nadzieję [mätsch nadsiäjän]
höflich grzeczny [gschätschni]
Höhe wysokość f [wisockoschtsch]
Holz drzewo [dschäwo], drewno [dräwno]
Honorar honorarium n [chonnorrarjum]
hören słuchać [suuchatsch], słyszeć [suischätsch]
Hotel hotel [chottäl] >6 ff., 68 ff.
hübsch ładny [uadni]
Hügel wzgórze [wsguschä]
Hund pies [päs]
Hunger głód [guut]
hungrig głodny [guoddni]
Hütte chata [chata]

I

ich ja [ja]
Idee idea [idäa], pomysł [pommisu]
ihr pers prn wy [wi]; poss prn f jej [jäj]; poss prn pl ich [ich]
Imbiss imbis [imbis]
immer zawsze [safschä]
im Stande sein być w stanie [bitsch fstanjä]
in (Frage: wo?) w [w]; (Frage: wohin?) do [do]
inbegriffen wliczony [wlitschonni]
informieren informować [inforrmowwatsch]
Inhalt treść f [träschtsch]
innen w środku [f schrottku]
Innenstadt śródmieście [schrudmäschtschä]
innerhalb (zeitlich) w ciągu [f tschongu], w czasie [f tschaschä]
Insekt insekt [insäkt]
Insel wyspa [wispa]

international międzynarodowy [mändsiinaroddowwi]
Internet internet [intärnät]
irren, s. ~ pomylić się [pommilitsch schän]
Irrtum pomyłka [pommiuka]

J

Jahr rok [rock]
Jahreszeit pora roku [porra rocku] >19
jede(r, -s) każd-a/y/e [kaschd-a/i/ä]
jemand ktoś [ktosch]
jetzt teraz [täras]
Jugendherberge schronisko młodzieżowe [ßchronjisko muoddsiäschowwä] >68, 77
jung młody [muoddi]
Junge chłopiec [chuoppäz]
Junggeselle kawaler [kawalär]

K

Kabine kabina [kabina]; (Umkleide~) przebieralnia [pschäbäralnja]
Kaffee kawa [kawa]
kalt zimny [simni]
Kanal kanał [kanau]
Kapelle (Gebäude) kaplica [kapliza]
kaputt zepsuty [säpsuti]
Käse ser [sär] >45, 48, 64
Kasse kasa [kassa]
Katze kot [kott]
kaufen kupić [kupitsch]
Kaution kaucja [kauzja]
kein żaden [schadän]
keine(r, -s) żadna (żaden, żadne) [schadna (schadän, schadnä)]
Kellner kelner [kälnär]
kennen znać [snatsch]
kennenlernen poznać [possnatsch] >10 ff.
Kind dziecko [dsiäzko] >116
Kino kino [kino] >83 f.
Kirche kościół [koschtschuw]
Kleidung odzież f [oddsiäsch] >56, 62 f.
klein mały [maui]
Klima klimat [klimat]
Klingel dzwonek [dsiwonnäk]
klingeln dzwonić [dswonjitsch]
klug mądry [monndri]
Kneipe knajpa [knajpa]
knipsen fotografować [fottoggrafowwatsch]
kochen gotować [gottowwatsch]; (Wasser) gotować się [gottowwatsch schän]
Koffer walizka [waliska]
kommen przyjść [pschijschtsch]
Kompass kompas [kommpas]
Komplimente komplementy [komplämänti] >14
Kondom kondom [konndomm], prezerwatywa [präsärwatiwa]
Konfession wyznanie [wisnanjä]
können móc [muz]; (gelernt haben) umieć [umätsch]
Konsulat konsulat [konnsulat] >117
Kontakt kontakt [konntakt]
Konzert koncert [konnzärt] >83 f.
Körper ciało [tschauo]
kosten kosztować [koschtowwatsch]
krank chory [chorri] >84 ff.
Krankenhaus szpital [schpital] >109
Krankenwagen karetka pogotowia [karätka poggottowwa]
Krankheit choroba [chorrobba]
Kreditkarte karty kredytowe [karti kräditowwä] >54, 71, 114
Krieg wojna [wojjna]
kritisieren krytykować [kritikowwatsch]
kühl chłodny [chuoddni]
Kultur kultura [kultura] >78 ff.
Kummer zmartwienie [smartwänjä]
kümmern, s. ~ um troszczyć się o [troschtschitsch schän o]
Kurs kurs [kurs]
Kurve zakręt [sakränt]
kurz krótki [krutki]
kürzlich niedawno [njädawno]
Kuss pocałunek [pottsauunäk]
küssen całować [zauowwatsch]
Küste wybrzeże [wibschäschä]

L

lachen śmiać się [schmatsch schän]
Laden sklep [skläp]
Lage położenie [pouoschänjä]
Land kraj [kraj]
Landkarte mapa [mapa] >67
Landschaft krajobraz [krajobbras]
lang długi [duugi]
Länge długość f [duugoschtsch]
langsam adj powolny [powwollni]; adv powoli [powwolli]
langweilig nudny [nudni]
Lärm hałas [chauas]
lassen zostawić [sosstawitsch]; (zu~) zezwolić [säswollitsch]
lästig uciążliwy [utschonschliwi]
laufen biegać [bägatsch], biec [bäz]
laut głośny [guoschni]
Lautsprecher megafon [mägafonn], głośnik [guoschnjik]
Leben życie [schitschä]
leben żyć [schitsch]
Lebensmittel żywność f [schiwnoschtsch] >42 ff., 62, 64 f.
ledig (Mann) nieżonaty [njäschonnati], (Frau) niezamężna [njäsamänschna] >24
leer pusty [pusti]
leicht lekki [läkki]

leider niestety [njästäti]
leihen pożyczyć [poschitschitsch]
leise adv cicho [tschicho]
lesen czytać [tschitatsch]
letzte(r, -s) ostatn-ia/i/ie [osstatnj-a/i/ä]
Leute ludzie [ludsiä]
Licht światło [schwatuo]
lieb kochany [kochani], miły [miui]
lieben kochać [kochatsch]
liebenswürdig uprzejmy [upschäjmi]
lieber raczej [ratschäj], lepiej [läpäj]; **etwas ~ mögen/tun** woleć [wollätsch]
Lied piosenka [possänka]
liegen leżeć [läschätsch]
links na lewo [na läwo]
Loch dziura [dsiura]
Lokal lokal [lockal]
Luft powietrze [powwätschä]
Lüge kłamstwo [kuamstwo]
lustig (fröhlich) wesoły [wäsoui]; (erheiternd) śmieszny [schmäschni]

M

machen robić [robbitsch]
Mädchen dziewczyn(k)a [dsiäftschin(k)a]
Mahlzeit posiłek [poschiuäk]
manchmal czasem [tschassäm]
Mangel brak [brak]
Mann mężczyzna [mänschtschisna]; (Ehe~) mąż [monsch]
männlich męski [mänski]
Markt rynek [rinäk] > 56, 81
Maschine maszyna [maschina]
Medikament lekarstwo [läkarstfo] > 57, 60
Meer morze [moschä]
mehr więcej [wänzäj]
mein(e) mój, moja, moje [muj, mojja, mojjä]
Meinung zdanie [sdanjä], pogląd [pogglonnt], opinia [oppinja]
Mensch człowiek [tschuowwäk]
merken zauważać/zauważyć [sauwaschatsch/sauwaschitsch]
Messe (Ausstellung) targi pl [targi]; (Kirche) msza [mscha]
mich (Akkusativ von ich) mnie [mnjä]; (bei reflexiven Verben) się [schän]
Miete najem [najäm]; (Mietpreis) czynsz [tschinsch], opłata [oppuata]
mieten wynająć [winajontsch]
Mietwagen wypożyczalnia samochodów [wiposchitschalnja samochoduf] > 30 f.
mindestens co najmniej [zo najmnjäj], przynajmniej [pschinajmnjäj]
Minute minuta [minuta]
mir mnie [mnjä], (Kurzform nach den Verben) mi [mi]
missverstehen źle zrozumieć [silä srossumätsch]
mit z [s]
mitbringen (etwas) przynieść [pschinjäschtsch], (jmdn) przyprowadzić [pschiprowwadsitsch]
mitnehmen zabrać ze sobą [sabratsch sä sobbon], wziąć [wschonjtsch]
Mittag południe [pouudnjä]
Mittagessen obiad [obbjat]
Mitte środek [schroddäk]
mitteilen poinformować [poinforrmowwatsch], zawiadomić [sawjadommitsch]
Mittel środek [schroddäk]; (Heil~) lekarstwo [läkarstfo]
Mode moda [modda] > 62 f.
modern nowoczesny [mowwottschässni]; (modisch) modny [moddni]
mögen (gern haben) lubić [lubitsch]; (wollen) chcieć [chtschätsch]
möglich możliwy [moschliwi]
Moment moment [mommänt], chwila [chfila]
Monat miesiąc [mäschonnz] > 19
Mond księżyc [kschänschiz]
morgens rankiem [rankäm]
Motor silnik [schilnjik] > 26, 29
Motorrad motocykl [mottottsikl] > 25 ff.
Mücke komar [kommar]
müde zmęczony [smäntschonni]
Mühe wysiłek [wischiuäk], trud [trut]
Müll śmieci pl [schmätschi], odpady pl [ottpadi]
Münze moneta [monnäta]
Museum muzeum [musäum] > 79 f.
Musik muzyka [musika]
müssen musieć [muschätsch]
Mutter matka [matka], mama [mama]

N

nach (zeitlich) po [po]; (wohin) do [do]; (gemäß) według [wäduuk]
Nachbar/in sąsiad/ka [sonschat/ka]
nachher potem [pottäm], później [puschnjäj]
nachmittags po południu [po pouudnju]
Nachricht wiadomość f [wjadommoschtsch]
nächste(r, -s) następny (-a, -e) [nastämpni]; (nächstgelegen) najbliższy [najblischschi]
Nacht noc f [notts]
nackt nagi [nagi], goły [goui]
nahe (adj) niedaleki [njädaläki], bliski [bliski]; (adv) niedaleko [njädaläko], blisko [blisko]
Nahverkehr komunikacja miejscowa [kommunjikazja mäjszowwa] > 36
Name (Vor~) imię [imän]; (Nach~) nazwisko [naswisko] > 11; (Benennung) nazwa [naswa]
nass mokry [mockri], wilgotny [wilgottni]
Nation naród [narut]
Natur natura [natura]

natürlich (adj) naturalny [naturalni]; (adv) naturalnie [naturalnjä]
neben obok [obbock]; (außer) poza [possa]
Neffe (Sohn der Schwester) siostrzeniec [schosstschänjäz]; (Sohn des Bruders) bratanek [bratanäk]
nehmen wziąć [wsionjtsch]
nennen (angeben) wymienić [wimänjitsch]
nervös nerwowy [närwowwi]
nett (adj) miły [miui]; (adv) miło [miuo]
neu nowy [nowwi]
Neuigkeit nowina [nowwina]
nicht nie [njä]
Nichte (Tochter eines Bruders) bratanica [bratanjiza]; (Tochter einer Schwester) siostrzenica [schosstschänjiza]
nichts nic [njiz]
nie nigdy [njigdi]
nieder, niedrig niski [njiski]
niemand nikt [njikt]
nirgends nigdzie [njigdsiä]
noch jeszcze [jäschtschä]
Norden północ f [puwnotts]
Notausgang wyjście zapasowe [wijschtschä sapassowwä] > 32
Notbremse hamulec bezpieczeństwa [chamuläz bäspätschänjstwa] > 34
nötig potrzebny [pottschäbni], konieczny [konjätschni]
Notrufsäule telefon pierwszej pomocy na autostradzie [täläfonn pärfschäj pommottsi na autosstradsiä] > 29
Nummer numer [numär]
nur tylko [tilko]

O

ob czy [tschi]
oben na górze [na guschä]
Obst owoce pl [owwottsä] > 44, 48, 64
oder albo [albo]
offen otwarty [ottfarti]
öffentlich publiczny [publitschni]
öffnen otworzyć [ottfoschitsch]
Öffnungszeiten godziny otwarcia [goddsini ottfartscha] > 55
oft często [tschänsto]
ohne bez [bäs]
ohnmächtig zemdlony [sämdlonni]; (machtlos) bezsilny [bässschilni]
Öl olej [olläj]
Onkel wuj [wuj], wujek [wujäk]
Optiker optyk [opptik] > 56, 61 f.
Ortschaft miejscowość f [mäjszowwoschtsch]
Osten wschód [fßchut]
Österreich Austria [austrja]
Österreicher/in Austriak/Austriaczka [austrjak/austrjatschka]

P

Paar, ein ~ para [para]
Päckchen paczka [patschka]
packen (Koffer, Paket) pakować/spakować [pakowwatsch/spakowwatsch]
Paket (Post) paczka [patschka] > 119
Panne awaria [awarja] > 26, 29
Papiere dokumenty [dockumänti] > 29, 118
parken zaparkować [saparkowwatsch] > 25
Pass (Ausweis) paszport [paschporrt]; (Gebirge) przełęcz [pschäuäntsch]
Passagier pasażer [passaschär]
passieren zdarzyć się [sdaschitsch schän]
Pension pensjonat [pänsjonnat] > 8 f., 68 ff.
Person osoba [ossobba]
Personal personel [pärsonnäl]
Personalausweis dowód osobisty [dowwut ossobbisti] > 118
Personalien personalia pl [pärsonnalja]
Pfand fant [fant], zastaw [sastaf]
Pflanze roślina [roschlina]
Pflicht obowiązek [obbowwjonsäk]
Platz miejsce [mäjszä]; (in Stadt) plac [plaz]; (Sportplatz) boisko [boisko]
plötzlich adj nagły [nagui]; adv nagle [naglä]
Pole Polak [pollak]
Polen Polska [pollska]
Polin Polka [pollka]
Politik polityka [pollitika]
polnisch polski [pollski]
Polizei policja [pollizja] > 117 f.
Postamt poczta [pottschta] > 117 f.
Preis cena [zäna]
Priester ksiądz [kschonnz], duchowny [duchowwni]
pro za [sa]
Programm program [proggram]
Promille promile [prommilä]
Prozent procent [prottsänt]
prüfen (Rechnung) sprawdzić [sprawdsitsch]
pünktlich adj punktualny [punktualni]; adv punktualnie [punktualnjä]
putzen posprzątać [posspschonntatsch]

Q

Qualität jakość f [jakoschtsch]
Quelle źródło [siruduo]

R

Rabatt rabat [rabat]
Rad fahren jeździć na rowerze [jäsidsitsch na rowwäschä] > 25 ff., 88
Radio radio [radjo]
rasch adj prędki [präntki], szybki [schipki]; adv prędko [präntko], szybko [schipko]
Rasen trawnik [trawnjik]

Raststätte zajazd [sajast]
raten poradzić [porradsitsch]; (Rätsel) rozwiązać [rosswjonsatsch]
Rathaus ratusz [ratusch]
rauchen dymić [dimitsch]; (Zigaretten) palić [palitsch]
Raucher dla palących [dla palonzich]
rechnen liczyć [litschitsch]
Rechnung rachunek [rachunäk] >40 f., 71
Recht prawo [prawo]
Recht haben mieć rację [mjätsch razjän]
rechts na prawo [na prawo], w prawo [f prawo]
rechtzeitig w porę [f porrän], na czas [na tschas]
reden porozmawiać [porrossmawjatsch], mówić [muwitsch]
Regierung rząd [schonnt]
regnen padać [padatsch]
reich bogaty [boggati]
reinigen oczyścić [ottschischtschitsch]
Reise podróż f [poddrusch]
Reisebüro biuro podróży [buro poddruschi]
Reiseführer przewodnik [pschäwoddnjik]
reisen podróżować [poddruschowwatsch]; ~ **nach** jechać do [jächatsch do]
Reisepass paszport [paschporrt] >24, 118
Reiseroute trasa podróży [trassa poddruschi]
Reisescheck czek podróżny [tschäk poddruschni] >113 f.
reklamieren zareklamować [saräklamowwatsch] >40, 70
Reparatur naprawa [naprawa], reperacja [räpärazja]
Reservierung rezerwacja [räsärwazja]
Rest reszta [räschta]
Restaurant restauracja [rästaurazja] >38 ff.
retten uratować [uratowwatsch]
Rettungsboot łódka ratownicza [uutka ratowwnjitscha]
Rezeption recepcja [räzäpzja] >69 f.
richtig adj prawidłowy [prawiduowwi], odpowiedni [ottpowwädnji]; adv prawidłowo [prawiduowwo], odpowiednio [ottpowwädnjo]
Richtung kierunek [kärunäk]
riechen powąchać [powwonchatsch]
Risiko ryzyko [risiko]
Rollstuhl wózek inwalidzki [wusäk inwalizki]
rot czerwony [tschärwonni]
Rückkehr powrót [powwrut]
rufen zawołać [sawouatsch]
ruhig spokojny [spockojjni], cichy [tschichi]
rund adj okrągły [ockrongui]; adv około [ockouo]

S

Saal sala [sala]
sagen powiedzieć [powwädsiätsch]
Saison sezon [säsonn]
sammeln zebrać [säbratsch]
satt najedzony [najädsionni], syty [siti]
sauber czysty [tschisti]
schade, es ist ~ szkoda [schkodda]
schaden zaszkodzić [saschkoddsitsch]
Schadenersatz odszkodowanie [ottschkoddowwanjä]
schädlich szkodliwy [schkoddliwi]
Schalter okienko [ockänko]; (am Gerät) włącznik [wuontschnjik]
schauen patrzeć [patschätsch]
Scheck czek [tschäk]
schenken podarować [poddarowwatsch], (fam) dać [datsch]
Scherz żart [schart]
schicken posłać [possuatsch]
Schiff nawa [nawa] >34 f.
Schild (Hinweis~) szyld [schilt], tablica [tabliza], wywieszka [wiwjäschka]
schimpfen zwymyślać [swimischlatsch], wyzywać [wisiwatsch]
schlafen spać [spatsch]
schlank szczupły [schtschupui]
schlecht adj zły [sui]; adv źle [silä], niedobrze [njädobbschä]
schließen zamknąć [samknonjtsch]
Schloss (an Tür; Bau) zamek [samäk]
Schlüssel klucz [klutsch]
Schmerzen bóle [bulä]
Schmuck biżuteria [bischutärja] >65 f.
Schmutz brud [brut]
schmutzig brudny [brudni]
schneien, es schneit pada śnieg [pada schnjäk]
schnell szybki [schipki]
Schnellimbiss bar szybkiej obsługi [bar schipkäj oppsuugi], kiosk [kjossk], budka (z jedzeniem i napojami) [butka (s jädsiänjäm i napojjami)]
schon już [jusch]
schön ładny [uadni], piękny [pänkni]
schrecklich straszny [straschni], okropny [ockroppni]
schreiben napisać [napissatsch]
Schreibwaren Artykuły papiernicze [artikuwi papärnjtschä] >67
schreien krzyknąć [kschiknontsch]
schriftlich pisemny [pissämni]
schüchtern nieśmiały [njäschmjaui]
Schuh but [but] >56, 66
Schuld wina [wina]; (Finanzen) dług [duuk]
schulden być dłużnym [bitsch duuschnim]
Schutz ochrona [ochronna], opieka [oppjäka]
schwach słaby [suabi]
Schwager szwagier [schfagär]
Schwägerin szwagierka [schfagärka]
schwanger w ciąży [f tschonschi]
Schweiz Szwajcaria [schfajzarja]

Schweizer/in Szwajcar/ka [schfajzar/ka]
schwer ciężki [tschänschki]; (schwierig) trudny [trudni]
Schwester siostra [schosstra]
schwierig trudny [trudni]
Schwimmbad basen [bassän] >85
schwimmen pływać [puiwatsch] >85
schwindlig, mir ist ~ kręci mi się w głowie [kränjtschi mi schän w guowwjä] >108, 112
schwitzen spocić się [spottschitsch schän]
See (der ~) jezioro [jäsiorro]
sehen zobaczyć [sobbatschitsch]
Sehenswürdigkeiten rzeczy warte zobaczenia [schätschi wartä sobbatschänja], osobliwości [ossobbliwoschtschi] >78 ff.
sehr bardzo [bardsio]
sein być [bitsch]
seit od [ott]
Sekunde sekunda [säkunda]
Selbstbedienungsladen sklep samoobsługowy [skläp samooppsuugowwi]
selten rzadki [schatki]
senden wysłać [wisuatsch]; (Radio, TV) nadać [nadatsch]
Sendung przesyłka [pschässiuka]; (Radio, TV) audycja [audizja]
servieren podać [poddatsch]
setzen posadzić [possadsitsch]; **s. ~ usiąść** [uschonschtsch]
Sex seks [säks]
sicher bezpieczny [bäspjätschni]; (gewiss, zuverlässig) pewny [päwni]; adv na pewno [na päwno]
Sicherheit bezpieczeństwo [bäspjätschänjstfo]
Sicherung zabezpieczenie [sabäspjätschänjä]; (Schutz) ochrona [ochronna]; (elektr.) bezpiecznik [bäspjätschnjik]
Sicht widoczność f [widottschnoschtsch]; (Aus~) widok [widock]
sichtbar widoczny [widottschni]
sie (3. Person sing) ona [onna]; (3. Person pl) oni/one [onji/onnä]
Sie (Herr) pan [pan]; (Frau) pani [panji]; (Herrschaften) państwo [panjstfo]
sitzen siedzieć [schädsiätsch]
Smalltalk smalltalk [smoltok] >14 f.
so (auf diese Weise) tak [tak]; (vor Adjektiv) taki [taki]
sofort natychmiast [natichmjast]
Sohn syn [sin]
sollen mieć [mjätsch], (Verpflichtung) powinien m, powinna f, powinno n [powwinjän, powwinna, powwinno]
Sonne słońce [suonjzä]
sonnig słoneczny [suonnätschni]
sorgen für troszczyć się o [troschtschitsch schän o]; **sich ~ um** martwić się o [martfitsch schän o]
Souvenirs pamiątki [pamjonntki] >66 f.
Spaß żart [schart]; (Freude) przyjemność f [pschijämnoschtsch]
spät późny [pusini]
später adj późniejszy [pusinjäjschi]; adv później [pusinjäj]
spazieren gehen pójść na spacer [pujschtsch na spazär]
Speisekarte jadłospis [jaduosspis] >40, 48 ff.
spielen grać [gratsch]; (mit Spielzeug) bawić się [bawitsch schän]
Spielzeug zabawka [sabafka]
Sport sport [sporrt] >15, 85 ff.
Sprache język [jänsik]
sprechen powiedzieć [powwjädsiätsch]; (Worte wechseln) porozmawiać [porrossmawjatsch]
Staat państwo [panjstfo]
Staatsangehörigkeit obywatelstwo [obbiwatälstwo]
Stadt miasto [mjasto]
Stadtplan plan miasta [plan mjasta]
Stadtrundfahrt wycieczka po mieście [witschätschka po mjäschtschä] >78, 80
statt zamiast [samjast]
stattfinden odbyć się [oddbitsch schän]
stechen (mit Nadel) ukłuć [ukuutsch]; (Mücke) ukąsić [ukonschitsch]
stehen stać [statsch]; (sich befinden) znajdować się [snajdowwatsch schän]
stehlen ukraść [ukraschtsch]
steil stromy [strommi], spadzisty [spadsisti]
Stein kamień [kamjänj]
Stelle (Ort) miejsce [mjäjszä]; (Arbeit) stanowisko [stanowwisko], posada [possada]
stellen postawić [posstawitsch]; (Uhr) nastawić [nastawitsch]
sterben umrzeć [umschätsch]
Stern gwiazda [gwjasda]
Stil styl [stil]
still cichy [tschichi], spokojny [spockojjni]
Stoff materiał [matärjau]
stören przeszkodzić [pschäschkoddsitsch]
stornieren anulować [anulowwatsch]
Störung przeszkadzanie [pschäschkadsianjä]
Strafe kara [kara]
Strand brzeg [bschäk]; (mit Sand) plaża [plascha] >85 ff.
Straße ulica [uliza]; (Land~) droga [drogga]
Straßenkarte atlas samochodowy [atlas samochoddowwi]
Strauß (Blumen) bukiet [bukät]
Strecke odcinek [ottschinäk]; (Entfernung) odległość [oddläguoschtsch]; (Bahn~) trasa [trassa]

Strom (Fluss) rzeka [schäka]; (elektr.) prąd [pronnt]
Stück sztuka [schtuka]; (Teil) kawałek [kawauäk]
studieren studiować [studjowwatsch]
Stuhl krzesło [kschässuo]
Stunde godzina [goddsina]
suchen poszukać [poschukatsch]
Süden południe [pouudnjä]
Summe suma [suma]
Supermarkt supersam [supärsam]

T

Tabak tytoń [titonj]
Tag dzień [dsiänj]
Tankstelle stacja benzynowa [stazja bänsinowwa] > 25, 29
Tante ciotka [tschottka], ciocia [tschottscha]
tanzen zatańczyć [satanjtschitsch] > 82
tauschen wymienić [wimänjitsch], zamienić [samjänjitsch]
täuschen, s. ~ zawieść się [sawjäschtsch schän]
Taxi taksówka [taksufka]
Teil część f [tschänschtsch]
teilnehmen (an) wziąć udział (w czymś) [wsionjtsch udsiau (f tschimsch)]
Telefon telefon [täläfonn] > 119 f.
telefonieren zatelefonować [satäläfonnowwatsch] > 119 ff.
Temperatur temperatura [tämpäratura]
teuer drogi [droggi]
Theater teatr [täatr] > 83 f.
tief głęboki [guämbocki]; (niedrig) niski [njiski]
Tier zwierzę [sujäschän]
Tisch stół [stuw]
Tochter córka [zurka]
Tod śmierć f [schmjärtsch]
Toilette toaleta [toaläta], ubikacja [ubikazja] > 39, 70, 121
Toilettenpapier papier toaletowy [papjär toalätowwi]
Topf (Kochtopf) garnek [garnäk]
Töpferei garncarstwo [garnzarstfo]
tot zmarły [smarui], nieżywy [njäschiwi]
tragen nosić/nieść [noschitsch/njäschtsch]
träumen śnić [schnjitsch]
traurig smutny [smutni]
treffen trafić [trafitsch]; (begegnen) spotkać [spottkatsch]
Treppe schody pl [ßchoddi]
treu wierny [wjärni]
trinken pić [pitsch]
Trinkgeld napiwek [napiwäk] > 37, 41 f.
Trinkwasser woda pitna [wodda pitna]
tschüss cześć! [tschäschtsch]
tun zrobić [srobbitsch]
Tunnel tunel [tunäl]
Tür drzwi pl [dschwi]
typisch typowy [tipowwi]

U

U-Bahn metro [mätro] > 36
Übelkeit mdłości pl [mduoschtschi]
überall wszędzie [fschänjdsiä]
überfallen napaść [napaschtsch]
überholen wyprzedzić [wipschädsitsch]
übernachten przenocować [pschänottsowwatsch] > 6 ff., 68 ff.
überqueren (Straße) przejść na drugą stronę [pschäjschtsch na drugon stronnän]
überrascht zaskoczony [saskottschonni], zdziwiony [sdsiwjonni]
Übersee kraje pl zamorskie [krajä samorrskä]
übersetzen przetłumaczyć [pschätuumatschitsch], przełożyć [pschäuoschitsch]
überweisen przekazać [pschäkasatsch]; (Patienten) skierować [skärowwatsch]
Ufer brzeg [bschäk]
Uhr zegar [sägar]; (Armband~) zegarek [sägaräk]
Uhrzeit czas [tschas] > 17 f.
um (räuml.) dookoła [doockoua]; (zeitl.) o [o]
umarmen objąć [obbjonjtsch]
umbuchen zmienić rezerwację [smänjitsch räsärwazjän] > 32
Umleitung objazd [obbjast]
umsonst (vergeblich) na darmo [na darmo]; (gratis) za darmo [sa darmo]
umsteigen przesiąść się [pschäschonschtsch schän]
umtauschen wymienić [wimjänjitsch]
Umwelt środowisko [sroddowwisko], otoczenie [ottottschänjä]
umziehen przeprowadzić się [pschäprowwadsitsch schän]; **s. ~** przebrać się [pschäbratsch schän]
unbekannt nieznany [njäsnani]
und i [i]
Unfall wypadek [wipadäk] > 26 f.
unfreundlich (Mensch) nieuprzejmy [njäupschäjmi]
ungefähr adv koło [kouo], około [ockouo]
ungesund niezdrowy [njäsdrowwi]
Unglück nieszczęście [njäschtschänschtschä]
unglücklich nieszczęśliwy [njäschtschänschliwi]
ungültig nieważny [njäwaschni]
unhöflich nieuprzejmy [njäupschäjmi]
Unkosten wydatki pl [widatki]
unmöglich niemożliwy [njämoschliwi]
unruhig niespokojny [njäspockojjni]
uns (Dativ) nam [nam]; (Akk.) nas [nas]
unschuldig niewinny [njäwinni]
unser, unsere nasz, nasza, nasze [nasch, nascha, naschä]

unter pod [pott]; (zwischen) między [mjändsii]
unterbrechen przerwać [pschärwatsch]; (stören) przeszkodzić [pschäschkoddsitsch]
Unterhaltung (Gespräch) rozmowa [rossmowwa]; (Vergnügen) zabawa [sabawa] > 82 ff.
Unterkunft kwatera [kfatära], zakwaterowanie [sakfatärowwanjä] > 6 ff., 68 ff.
Unterschied różnica [ruschnjiza]
Unterschrift podpis [pottpis]
Untersuchung badanie [badanjä]
unterwegs w drodze [w droddsiä] > 22 ff.
unverschämt bezwstydny [bässfstidni], beszczelny [bästschälni]
unwohl niedysponowany [njädisponnowwani]
Urlaub urlop [urlopp]
Ursache przyczyna [pschitschina]

V

Vater ojciec [ojjtschäz]
Verabredung umowa [umowwa]; (Treffen) spotkanie [spottkanjä]
verabschieden, s. ~ pożegnać się [poschägnatsch schän] > 12
verändern zmienić [smjänjitsch]
Veranstaltung impreza [impräsa] > 82 ff.
Veranstaltungskalender kalendarz imprez [kaländasch impräs]
verbieten zabronić [sabronjitsch]
Verband (medizin.) opatrunek [oppatrunäk]; (Vereinigung) związek [swjonsäk], federacja [fädärazja]
Verbindung połączenie [pouontschänjä]
verboten! wzbronione! [wsbronjonnä]
verdienen zarobić [sarobbitsch]
verdorben (Essen) zepsuty [säpsuti]; (moralisch) zdemoralizowany [sdämorralisowwani]
vereinbaren umówić (się) [umuwitsch (schän)]
Verfassung (Zustand) stan [stan]
Vergangenheit przeszłość [pschäschuoschtsch]
vergessen zapomnieć [sapommnjätsch]
Vergewaltigung gwałt [gwaut] > 118
Vergiftung zatrucie [satrutschä] > 112
Vergnügen zabawa [sabawa]
verheiratet (Mann) żonaty [sonnati], (Frau) zamężna [samänschna]
Verhütungsmittel środek antykoncepcyjny/zapobiegawczy [schroddäk antikonnzäpzijni/sapobbjägaftschi]
verirren, s. ~ zabłąkać się [sabuonkatsch schän], zbłądzić [sbuonjdsitsch]
Verkauf sprzedaż [spschädasch]
verlängern przedłużyć [pschäduuschitsch]
verlieren zgubić [sgubitsch] > 115; (nicht gewinnen) przegrać [pschägratsch]
verloben, s. ~ zaręczyć się [saräntschitsch schän]
Verlobte, der, die ~ narzeczony m, narzeczona f [naschätschonni/naschätschonna]
Verlust strata [strata]
vermieten wynająć [winajonjtsch]; (Auto etc) wypożyczyć [wiposchitschitsch]
versäumen przegapić [pschägapitsch]; (unterlassen) zaniedbać [sanjädbatsch]
verschieben przesunąć [pschässunontsch], przełożyć [pschäuoschitsch]
verschieden różny [ruschni]
verschreiben zapisać [sapissatsch] > 108
Versehen, aus ~ przez nieuwagę [pschäs njäuwagän]
Versicherung ubezpieczenie [ubäspjätschänjä]
verspäten, s. c spóźnić się [spusinjitsch schän]
Versprechen obietnica [obbjätnjiza], przyrzeczenie [pschischätschänjä]
verständigen, jdn ~ powiadomić kogoś [powwjadommitsch koggosch]
verstehen zrozumieć [srossumjätsch]
versuchen spróbować [sprubowwatsch]
Vertrag umowa [umowwa]
verunglücken mieć wypadek [mjätsch wipadäk]
verwandt spokrewniony [spockräwnjonni]
verwechseln pomylić [pommilitsch]; (Mäntel) zamienić [samjänjitsch]
verzeihen wybaczyć [wibatschitsch]
verzollen opłacić cło [oppuatschitsch zuo]
viel dużo [duscho]
vielleicht może [moschä]
Volk lud [lut], naród [narut]
voll pełny [päuni]
Vollpension utrzymanie całodzienne [utschimanjä zauoddsiännä] > 70, 72
von (zeitl.; von jdm) od [ott]; (räuml.) z [s]
vor przed [pschät]
Voranmeldung uprzednie zgłoszenie [upschädnjä sguoschänjä]
Voraus, im ~ już przedtem [jusch pschättäm]
vorher przedtem [pschättäm]
vormittags przed południem [pschät pouudnjäm]
Vorname imię [imjän]
Vorort przedmieście [pschädmjäschtschä]
Vorsaison przed sezonem [pschät säsonnäm]
Vorschrift przepis [pschäpis]; (Anweisung) instrukcja [instrukzja]
Vorsicht ostrożność f [osstroschnoschtsch]
Vorstellung (Bekanntmachen) prezentacja [präsäntazja]; (im Theater) przedstawienie [pschätstawjänjä]
Vorverkauf przedsprzedaż f [pschätspschädasch] > 84
Vorwahlnummer numer kierunkowy [numär kärunkowwi]

W

wach obudzony [obbudsionni]
wählen wybrać [wibratsch]
wahr prawdziwy [prawdsiwi]
Währung waluta [waluta] >114
Wald las [las]
Wanderkarte mapa turystyczna [mapa turistitschna]
wandern wędrować [wändrowwatsch] >89
Wann? Kiedy? [kädi]; **seit ~?** Od kiedy? [ott kädi]
warm ciepły [tschäpui]
warnen (vor) ostrzec (przed) [osstschäz (pschät)]
warten poczekać [pottschäkatsch]
Wartesaal poczekalnia [pottschäkalnja]
Wartezimmer poczekalnia [pottschäkalnja]
Warum? Dlaczego? [dlatschägo]
was co [zo]
waschen uprać [upratsch]
Wasser woda [wodda]
wechseln zmienić [smjänjitsch]; (Geld) wymienić [wimjänjitsch]
wecken obudzić [obbudsitsch]
Weg droga [drogga]
weg precz [prätsch]
wegen z powodu [s powwoddu]
weggehen pójść [pujschtsch]
Wegweiser przewodnik [pschäwoddnjik]
wehtun boleć [bollätsch]
weiblich żeński [schänjski]; (für Frau charakteristisch) kobiecy [kobbjäzi]
weich miękki [mjänkki]
weigern, s. ~ odmówić [oddmuwitsch]
weil ponieważ [ponjäwasch], bo [bo]
weinen płakać [puakatsch]
weit (Weg ...) daleki [daläki]; (Gegenteil von eng) luźny [lusini]
Welche(r/s)? Który/Która/Które? [kturi/ktura/kturä]
Welt świat [schfjat]
Wem?/Wen? Komu? [kommu]/Kogo? [koggo]
wenig mało [mauo]
wenn jeżeli [jäschäli], jeśli [jäschli]
Wer? Kto? [kto]
werden stać się [statsch schän], zostać [sosstatsch]; (Passiv) być [bitsch]
Werkstatt warsztat naprawczy [warschtat napraftschi] >26, 30
werktags w dni powszednie [w dnji poffschädnjä]
Wert wartość f [wartoschtsch]
Wessen? Czyj/Czyja/Czyje)? [tschi/tschja/tschjä]
Westen zachód [sachut]
Wetter pogoda [poggodda] >21
wichtig ważny [waschni]
wie jak [jak]
Wie lange? Jak długo? [jak duugo]
Wie viel? Ile? [ilä]
wieder znowu [snowwu], znów [snuf]
wiederholen powtórzyć [pofftuschitsch]
wiederkommen wrócić [wrutschitsch]
wieder sehen znowu zobaczyć [snowwu sobbatschitsch]
willkommen mile widziany [milä widsiani]
wir my [mi]
Wirt/in gospodarz/gospodyni [gosspoddasch/gosspoddinji]
Wo? Gdzie? [gdsiä]
Woche tydzień [tidsiänj] >19
Woher? Skąd? [skonnt]
Wohin? Dokąd? [dockonnt]
wohnen mieszkać [mjäschkatsch]
Wohnort, Wohnsitz miejsce zamieszkania [mjäjszä samjäschkanja]
Wohnung mieszkanie [mjäschkanjä]
wollen chcieć [chtschätsch]
Wort słowo [suowwo]
wünschen życzyć [sitschitsch]
wütend wściekły [fschtschäkui]

Z

Zahl liczba [litschba]
zahlen zapłacić [sapuatschitsch]
Zahlung płatność f [puatnoschtsch]
Zahnarzt dentysta [däntista] >108
zeigen pokazać [pockasatsch]
Zeit czas [tschas] >17 ff.
Zeitschrift czasopismo [tschassoppissmo] >67
Zeitung gazeta [gasäta] >67
zerstören zniszczyć [snjischtschitsch]
Zeuge świadek [schfjadäk]
ziehen ciągnąć [tschongnonjtsch]
Ziel cel [zäl]
Zigarette papieros [papjäross]
Zimmer pokój [pockuj]
Zoll cło [zuo]
zornig wściekły [fschtschäkui]
zu (Richtung) do [do]; (geschlossen) zamknięty [samknjänti]; (mit adj) za [sa]
zufrieden zadowolony [sadowwollonni]
Zug pociąg [pottschong] >33 f.
zumachen zamknąć [samknonjtsch]
zurück z powrotem [s powwrottäm]
zusammen razem [rasäm]
zuschauen przyjrzeć się [pschijschätsch schän]
Zuschlag dopłata [doppuata]
zuschließen zamknąć [samknonjtsch]
zuständig kompetentny [kommpätäntni]
zu viel za dużo [sa duscho]
zweifeln, an etwas ~ zwątpić w coś [swonntpitsch f zosch]
zwischen między [mjändsii]

> BLOSS NICHT!

So vermeiden Sie Fettnäpfe

Insider Tipps

Beziehungs-Weise

Sie wollen jemandem die Meinung sagen? Dann erst mal ganz ruhig. Hier mag es niemand, wenn man mit der Tür ins Haus fällt. Die Polen sind in dieser Hinsicht besonders sensibel. Sie schätzen es überhaupt nicht, wenn es gleich sachlich und direkt wird. Für sie gilt ganz besonders: Erst kommen Atmosphäre und Beziehung, dann die Sache. Also stimmen Sie sich ein.

Glaubensknigge

Das katholische Polen ist allgegenwärtig und in Bezug auf ihren Glauben verstehen die Polen keinen Spaß. Vermeiden Sie es also tunlichst, über Glaubensdinge und katholische Postulate zu scherzen oder gar Witze zu reißen.

Krimskrams *

Gehören Sie zu den Menschen, die ihre Kleidung als Klamotten bezeichnen? Tun Sie es besser nicht, wenn Sie in Polen Ihren Kleiderschrank auffüllen – sprich groß einkaufen gehen wollen. Denn sonst schickt man Sie zu einem Trödelladen. *Klamoty* bezeichnet nämlich hier jegliche Art von Krimskrams. Zumindest wird es dann eine billige Shoppingtour ...

*

Alfons, der Zuhälter

Wenn Sie voller Stolz von Ihrem Onkel Alfons erzählen, könnte das einige Polen irritieren, andere wären über Ihre „schräge" Verwandtschaft aus dem Rotlichtmilieu entsetzt. *Alfons* ist im Polnischen ein sehr unvorteilhafter Vorname, denn er bedeutet „Zuhälter".

Post-Diät

Wenn Sie sich nach einer Post erkundigen, um Briefmarken zu kaufen, kann es sein, dass man Ihnen ein ausgezeichnetes Diätrezept empfiehlt. *Post* bedeutet nämlich „Fastenzeit". Briefmarken erhalten Sie bei der *poczta*.

Luxus pur?

Wenn ein Pole Sie zu sich nach Hause in seinen Dom einlädt, erwarten Sie keinen Palast mit Kuppel. *Dom* bedeutet schlicht und einfach „Haus".